En finir avec l'hystérie (prétendument) féminine

De la même auteure

Un si vital sentiment d'insécurité, Éditions de l'Observatoire, coll. « Sens », 2022.

Le Talent ou la Vertu, Belfond, 2016.

Des ambitieux, JC Lattès, 2010.

Isabelle Siac

En finir avec l'hystérie (prétendument) féminine

PLON
www.plon.fr

92, avenue de France
75013 Paris
Tél. : 01 44 16 09 00
Fax : 01 44 16 09 01
www.plon.fr
www.lisez.com

Dépôt légal : octobre 2023
ISBN : 978-2-259-31778-8
Mise en pages : Graphic Hainaut

Introduction

Venue de l'Antiquité, qui attribuait à l'utérus – *ustera* en grec – certains troubles psychiques inexpliqués chez les femmes[1], l'hystérie a tellement servi de fourre-tout pour décrire les excès émotionnels qu'elle a disparu depuis plus de trente ans des classifications psychiatriques en même temps qu'elle se banalisait dans le langage courant. Elle se décline aujourd'hui à toutes les sauces du mépris. Il y a l'hystérique (femme) de base, dont la vie se résume à ce qu'on s'occupe d'elle : emmerdeuse surexcitée et/ou geignarde éventuellement mytho et/ou nympho, ado allumeuse, épouse « mal baisée » ou ménopausée grincheuse, ou tout simplement dingue. Mais on parle aussi d'hystérie collective, de délire hystérique, et plus récemment (toujours péjorativement) d'hommes et d'enfants hystériques.

Maladie « utérine » à l'origine, l'hystérie s'est précisée comme maladie des nerfs à partir du XVIIIe siècle. Mais alors que la neurologie des Lumières commençait ainsi à la dégenrer, le patriarcat triomphant du XIXe siècle a (re)fait de l'hystérie une caractéristique féminine. Freud l'attribuait aux fantasmes sexuels inassouvis d'esprits trop imaginatifs, et c'est sur cette représentation que nous vivons encore, alors que le père de la psychanalyse avouait

1. Hippocrate, *Des maladies des femmes*, IVe siècle avant J.-C.

lui-même son ignorance sur ce qu'il appelait le « continent noir » de la sexualité féminine.

L'hystérie semble en effet toute trouvée pour justifier la volonté ancestrale de mainmise sur les femmes, qui seraient malades *par nature* de leur matrice. Soixante ans après la révolution anthropologique de la pilule, l'idée perdure que cet organe ne leur appartiendrait pas complètement et la pleine maîtrise de leur fonction reproductrice ne leur est pas acquise. La survie de l'espèce humaine justifierait que l'utérus, et par extension l'appareil génital féminin, soit du domaine public, l'avortement interdit et les viols tolérés.

Puis il y a eu #MeToo. En faisant bloc, les femmes soulevaient d'un coup le tapis sous lequel trop de douleurs s'étaient accumulées. Incrédulité, méfiance, minimisation, puis malaise, honte, hésitations, basculement vers la reconnaissance, et enfin colère et ralliement combatif à la cause : comme tant d'autres, j'ai parcouru ce chemin, me sentant soudain moins seule avec certains mauvais souvenirs. Cette extériorisation collective me soulageait aussi de tant d'histoires entendues dans le huis clos de mon cabinet, où j'étais réduite à aider les victimes à digérer leur traumatisme, tandis que les coupables restaient impunis puisque toute tentative de dénoncer se payait du qualificatif infamant d'« hystérique », scandé comme une mauvaise rengaine. Cette référence commode à un truc de bonne femme qui a ses règles et ne contrôle pas ses nerfs me devenait insupportable. L'hystérie n'était-elle pas la maladie de ceux et celles qui ont été dépossédés de leur corps et le feront gémir aussi longtemps qu'ils n'auront pas pu se le réapproprier ?

Pour déconstruire tout ça, il me fallait d'abord revenir à une définition précise de l'hystérie. Ressortant mes cours de psychologie et y trouvant grosso modo une nymphomane qui s'ignore, je comprenais combien j'avais été formatée à cette vision dégradante. Au début des années 2000, la psychanalyse restait figée dans l'ambivalence de son fondateur, qui avait donné la parole aux femmes pour (mieux ?) réduire leurs maux à *l'envie du pénis*[1] – ce qui n'était d'ailleurs pas complètement faux, tant pouvait être enviable à l'époque de posséder cet organe-sésame d'une existence sociale.

Ma réflexion en était là lorsque le confinement de mars 2020 fut décrété. La trépidation du monde stoppée net, Fabrice Lucchini constatait à la matinale de France Inter : « Le confinement t'oblige à rompre avec le cercle des plaisirs hystériques. Y a plus de rapports sociaux, y a plus que toi dans ta baraque, avec ton vieux France Inter et à un moment tu deviens un peu fou[2]. » Sous cet angle, l'hystérie devenait soudain noble, congénitale à l'être humain-animal social tous sexes confondus. Le confinement se prolongeant, le spectacle se réinventait sur les réseaux sociaux. Le besoin d'exister dans le regard de l'autre était le fil par lequel j'allais pouvoir tirer la pelote de l'hystérie.

Il m'amena spontanément à Marilyn Monroe : comédienne perfusée au désir d'autrui sans lequel elle (pense qu'elle) n'existe pas ; irrésistible et exaspérante dans sa compulsion à « faire son intéressante » pour capter l'attention ; dépendante de l'approbation jusqu'à accepter l'abus ; démunie face à l'argument « il n'y a eu aucune violence » puisque se soumettre est pour elle un moindre mal comparé à l'indifférence valant inexistence. Héroïne de tant

1. « Envie » ou « besoin » (*Penisneid* en allemand).
2. Matinale du 5 mai 2020.

de petites filles (dont celle que j'ai été), Marilyn était l'Hystérie féminine avec un grand H. Et la preuve tragique qu'un·e histrion·ne (autre nom de l'hystérique) seul·e, ça n'existe pas[1].

Les théories du genre ont montré avec quelle profondeur les femmes ont intériorisé ce statut d'objet de désir, les amenant *naturellement* à surjouer *leur* rôle d'hystériques : manipulatrices faute de mieux, affabulatrices faute d'être crues, leur crédibilité est toujours douteuse, même à leurs propres yeux. Cause ou conséquence, une femme doit prouver au centuple ce qu'elle avance. N'étant pas née sujet, elle doit le devenir, quitte à s'interdire l'hystérie... comme un homme.

Alors que le tabou de la vulnérabilité masculine s'effrite, il est temps de ramener l'hystérie à ce qu'elle est : l'expression d'un caractère sensible, sujet à la dépendance affective mettant le corps en jeu. L'hystérique n'est ni une femmelette ni une folle, mais un individu à la carapace un peu trop fine, qui cherche assurance et amour du côté du plus fort (parent, conjoint, médecin, supérieur hiérarchique, leader, « sachant », pensée dominante, foule...). Les femmes ont-elles le monopole de cette sensibilité ? Bien sûr que non, même si nous vivons encore sur l'idée qu'un *vrai* homme doit avoir tué le père, s'être imposé dans son foyer et dans son travail, et résister à toute épreuve grâce à un cuir épais.

L'injonction actuelle à *s'occuper de soi* est censée guérir l'individu hystérique en lui donnant ce héros narcissique en modèle. Or il ou elle n'est bien qu'en *se préoccupant de*

1. Pour paraphraser le pédiatre-psychanalyste anglais D. W. Winnicott : « Un bébé seul, ça n'existe pas. »

l'autre au sens large (autrui, et monde environnant). Est-ce une tare, à l'heure où l'on redécouvre les vertus du collaboratif et de l'empathie ? L'hystérie ontologique de l'être humain n'est-elle pas notre meilleur gage de vivre ensemble, contre les excès de la réussite individuelle ?

Mais, en fait, c'est quoi, l'hystérie ?

L'hystérie est un fonctionnement psychique où le corps exprime une pensée, un désir ou une émotion qui ne peuvent pas se dire autrement. Ses symptômes sont très variés et potentiellement très graves : ils vont de l'hypocondrie aux maladies auto-immunes, des crises d'angoisse aux AVC, des phobies aux troubles des conduites alimentaires, et recouvrent certaines addictions et maladies dites « psychosomatiques[1] ».

Les manifestions parfois spectaculaires de l'hystérie ont amené à qualifier (péjorativement) d'hystériques l'individu (spécifiquement la femme), le groupe ou la foule qui s'expriment de manière exagérée, excessive, irrationnelle. Les hystériques couperaient court aux débats complexes et seraient incapables de gérer le conflit – qu'ils attiseraient plutôt.

L'individu hystérique ne se sent pas exister *en soi* ni *par soi.* À défaut, il existe par la séduction et la plainte, censées neutraliser sa terreur de l'abandon.

Par la *séduction*, l'hystérique donne envie à l'autre (sauveur·se, prince·sse charmant·e...) de l'aider à se réaliser.

1. À l'inverse, tous ces symptômes ne relèvent pas forcément de l'hystérie mais éventuellement d'autres pathologies.

D'où la réputation de manipulation qui colle à la peau de l'hystérique, qui a besoin du désir de l'autre sans nécessairement le partager.

Par la *plainte,* l'hystérique exprime sa frustration. C'est le versant désenchanté et culpabilisateur de la demande, où autrui est toujours décevant (le conjoint, les amis, les médecins, la société...).

L'être humain est par nature hystérique puisqu'il a besoin des autres : il apprend par mimétisme, se développe à travers le regard des adultes, et son besoin de reconnaissance est existentiel. Mais tout est une question d'équilibre : quand autrui n'est rien, on est dans la psychopathie, la perversion; mais quand il est tout, on est dans un excès d'hystérie où le Moi n'existe plus.

Renforcer la part «sujet» de l'hystérique est un moyen d'atténuer les souffrances potentiellement causées par sa dépendance affective. C'est le combat des femmes pour «prendre en main leur destin». Mais aussi de pas mal d'hommes.

Première partie

L'HYSTÉRIE, UNE TRÈS LONGUE HISTOIRE MÉDICALE, MORALE ET POLITIQUE

En 1986, le psychiatre Étienne Trillat proposait une *Histoire de l'hystérie*[1] qui n'a pas été reprise ni complétée depuis, et pour cause : après avoir balayé les deux mille cinq cents ans d'épopée d'une des plus vieilles maladies psychiques, il concluait : « Que reste-t-il de l'hystérie aujourd'hui ? » On serait tenté de répondre : « Pas grand-chose. » En 2017, Marie Foll s'interrogeait dans sa thèse de médecine : « La disparition d'une pathologie mythologique de la psychiatrie, dont l'histoire remonte jusqu'à 4 000 ans avant J.-C., est-elle possible ? Ou l'hystérie s'est-elle transformée, sous l'influence de l'évolution d'une médecine toujours plus empirique, et de l'évolution de la société dans son ensemble ? Où sont donc les hystériques aujourd'hui[2] ? »

On serait tenté de répondre en citant un membre du Collège royal de chirurgie de Lyon, qui alertait en 1771 : « Quelque ancienne que soit cette maladie, elle n'a pas encore épuisé toutes les formes qu'elle est susceptible de

1. Étienne Trillat, *Histoire de l'hystérie*, Seghers, 1986.

2. Marie Foll, *Histoire de l'hystérie*, thèse de médecine soutenue le 13 juillet 2017 à l'UFR des sciences de la santé de Dijon.

prendre. Tous les jours on la voit paraître sous un déguisement nouveau[1]. »

Il serait donc plus juste de dire qu'après avoir fasciné «le prêtre, le philosophe et le médecin[2]», et permis à Freud de créer la psychanalyse, elle aura usé tant de bonnes volontés que plus personne ne veut en entendre parler. L'hystérie serait-elle donc, à l'image de l'utérus qui lui a donné son nom, un animal indomptable ?

Depuis Hippocrate (Ve siècle avant J.-C.), cet organe de la génération a concentré toutes les attentions (des hommes) : non seulement médicales mais aussi morales (il a partie liée avec la sexualité) et politiques (qui le contrôle contrôle la reproduction de l'espèce). S'il n'est plus considéré aujourd'hui comme le siège de l'hystérie, cette maladie psychique n'en est pas moins restée féminine.

Pourquoi ?

1. Pressavin, *Nouveau traité des vapeurs*, 1771, cité par Sabine Arnaud, *L'Invention de l'hystérie au temps des Lumières, 1670-1820.*

2. Étienne Trillat, *op. cit.*

1

Le legs de l'Antiquité : l'utérus, un animal à dompter par la sexualité

Fascinés par les mystères de la reproduction, les premiers médecins ont tenté de circonscrire les femmes en commençant par mettre leur utérus sous contrôle. L'ampleur de l'enjeu – pérenniser la civilisation – effaçait la femme en tant qu'individu, mais aussi ses organes génitaux « inutiles ». Et c'est ainsi que s'est imposée l'idée d'une maladie relevant spécifiquement de la matrice utérine.

Hippocrate : « suffocation de la matrice » et copulation thérapeutique

Pour Étienne Trillat, « l'hystérie à l'origine est une affaire de femmes, ou plutôt de sages-femmes », qui se transmettent de génération en génération des croyances sur l'utérus, depuis au moins l'Égypte ancienne (2000 avant J.-C.). Les hommes s'en emparent lorsqu'ils inventent officiellement la médecine (Hippocrate), sans y changer grand-chose : la matrice est au centre du problème dit « hystérique[1] », en tant qu'organisme vivant comparable à un animal, doté d'une

1. Cet adjectif n'apparaît pas comme tel dans le traité d'Hippocrate *Des maladies des femmes*. Il a été utilisé en 1839 par Émile Littré pour traduire ce texte, et repris depuis.

certaine autonomie de déplacement. Il peut ainsi migrer vers le haut du corps, au risque d'étouffer les voies respiratoires : c'est la « suffocation de la matrice », qu'on appellerait aujourd'hui attaque de panique.

Le remède pour le faire redescendre consiste à lui faire inhaler des odeurs agréables côté vulve et désagréables côté nez. La meilleure solution consistant le stabiliser en l'alourdissant par le sperme ou la grossesse, Hippocrate considère que la sexualité guérit l'hystérie.

Platon : matrice sans âme et mâle dominateur

Si l'approche médicale d'Hippocrate est empathique, celle de son contemporain Platon est clairement misogyne. Pour lui, « la femme se distingue de l'homme par ce caractère singulier de renfermer en son sein un animal qui n'a pas d'âme[1] », et dont le désir de génération la pousse au désir de copulation. Elle doit donc être mise sous contrôle, non seulement pour la paix de la cité mais aussi pour la pérennité de celle-ci, puisque posséder le désir des femmes, c'est posséder leur capacité reproductrice. Chez Platon, « les organes génitaux mâles sont naturellement mutins et autoritaires, et veulent commander partout ». Ils font de l'homme le prédateur naturel de l'animal contenu dans la femme, qui n'est qu'un homme dégénéré : « Ceux des mâles qui étaient couards et avaient mal vécu se sont apparemment transmués en femelles lors de la deuxième génération[2]. »

1. Platon, *Le Timée*.
2. *Ibid.*

C'est ainsi, considère le spécialiste de l'Antiquité Robert Graves, qu'« à mesure que la philosophie de Platon se répandait, les femmes grecques qui, jusqu'alors, constituaient la classe intellectuelle dominante, dégénérèrent et devinrent des ouvrières non payées qui fabriquaient des enfants[1] ».

Débats (d'hommes) chez les Romains : pour ou contre l'abstinence sexuelle des femmes ?

Chez les Romains, l'idée d'un petit animal vorace, avide et baladeur a la vie dure, justifiée par des symptômes corporels impressionnants : suffocation mais aussi spasmes, contorsions, ou au contraire léthargies, paralysies... À la fin de l'Empire romain d'Occident (476), la *suffocation* a définitivement cédé la place à l'*hystérie*, qu'on distingue de l'épilepsie (maladie du cerveau) et de la mélancolie issue de la théorie des humeurs[2]. Ses symptômes provoquent effroi ou compassion, jamais indifférence ; ils entretiennent le mystère sur cette maladie sans cause organique, qui se manifeste aussi brutalement qu'elle se retire.

---

1. Robert Graves, *Les Mythes grecs*, Fayard, 1958.
2. Théorie grecque selon laquelle le corps est constitué des quatre éléments fondamentaux, air, feu, eau et terre, possédant quatre qualités : chaud ou froid, sec ou humide. La bonne santé nécessite la coexistence équilibrée de ces éléments, à l'origine de quatre humeurs : le sang (air chaud et humide, caractère chaleureux), la lymphe (eau froide et humide, caractère lymphatique), la bile jaune (feu chaud et sec, caractère dur et violent), la bile noire (terre froide et sèche, caractère mélancolique/anxieux).

Son origine n'est cependant plus l'utérus en tant qu'animal autonome, mais la façon dont la femme le régule : par l'abstinence en dehors du strict nécessaire à la reproduction (selon le gynécologue Soranus) ou au contraire par l'orgasme. C'est la thèse de Galien, pour qui les ovaires (selon lui, équivalents des testicules) doivent être désengorgés des substances qu'ils produisent, comme la verge doit l'être du sperme pour éviter la dépression hypocondriaque. Comme son prédécesseur Hippocrate, l'illustre médecin romain recommande une sexualité active, mais aussi la masturbation, spécifiquement pour les veuves particulièrement touchées puisque brutalement sevrées. On verra plus loin que le XIXe siècle accusera la masturbation des plus graves maladies psychiques : trop ou pas assez, la sexualité rend malade.

Mais bientôt l'hystérie ne fera plus débat. Avec la chute de Rome en 476, la médecine poursuit sa route à Byzance et dans l'Islam, tandis que l'Église chrétienne enterre l'hystérie comme maladie : ses symptômes relèvent désormais du Diable, qui cherche à disputer l'utérus à Dieu. Au VIe siècle, le culte de la Vierge Marie entérine la dépossession des femmes de leur organe, lieu de la toute-puissante Création divine. « Pendant les mille ans qui vont suivre, on n'entendra plus parler de l'hystérie », précise Étienne Trillat.

Jusqu'à ce qu'à la Renaissance, Ambroise Paré reprenne la thèse antique de l'animal dans l'animal dans son traité *De la génération* (1573) : « La matrice a des sentiments propres hors de la volonté de la femme : de manière qu'on la dit être un animal ; et quand elle désire, elle frétille et se meut, faisant perdre patience et toute raison à la pauvre femmellette, lui causant un grand tintamarre. »

Instinct de reproduction et besoins sexuels sont plus que jamais confondus. Jusqu'à la pilule, la femme ne sera que le réceptacle de son utérus, réceptacle au mieux passif, au pire malmené par ses exigences. Dans une interview de 1971, Jacques Brel l'affirme avec autorité : « Les femmes, ce qu'elles veulent, c'est qu'on leur ponde un œuf[1]. »

1. Interview réalisée en 1971 à Kokke par le journaliste Henry Lemaire (disponible en ligne).

2

Des sorcières du Moyen Âge aux vaporeuses des Lumières : l'invention de l'hystérique manipulatrice

La médecine antique oubliée, le Moyen Âge chrétien s'en remet à la Nature divine, aux saints guérisseurs, aux exorcistes et aux moines médecins, jusqu'à ce qu'au XIVe siècle « la peste bouleverse un ordre social fondé sur l'alliance de la féodalité et de l'Église[1] ». Les ravages de l'épidémie favorisent la *renaissance* de la recherche scientifique et l'exhumation des savoirs antiques. Les sorciers et sorcières, qui faisaient jusque-là partie du paysage avec leurs « remèdes de bonne femme », vont devenir les boucs émissaires de prêtres menacés par les médecins, qui redécouvrent l'hystérie à la faveur des procès de l'Inquisition. La femme malade des nerfs, et plus (seulement) de son utérus, va permettre à ces nouvelles figures d'autorité d'asseoir durablement leur pouvoir social et politique.

La sorcière, ou la fabrique de l'ensorceleuse

Combien y a-t-il eu d'hystériques parmi les victimes de l'Inquisition (fin du XVe siècle-fin du XVIIe) ? Impossible de le dire puisque ce diagnostic de la médecine antique n'existe plus alors, mais leur sexualité censément débridée

1. Étienne Trillat, *op. cit.*

est au cœur des condamnations[1], et leur profil rappelle celui de l'hystérique de l'Antiquité : essentiellement des femmes, à la sexualité non cadrée par le mariage (célibataires), le travail (professions indépendantes) ou l'âge (ménopausées, elles ne risquent plus de grossesses honteuses).

Le cas de Michée Chaudron, dernière sorcière brûlée en Suisse en 1652 (avec le traitement de faveur d'avoir été d'abord pendue)[2], est exemplaire : la cinquantaine, veuve sans enfant, blanchisseuse à son compte, elle est recherchée pour ses dons de guérisseuse avant d'être accusée de sorcellerie par ses propres clientes. Son cas divise les médecins, appelés en experts pour diagnostiquer soit l'épilepsie, soit la mélancolie[3] « avec suffocation » (où l'on retrouve l'hystérie). Mais ils se retrouvent tous pour condamner le charlatanisme d'une femme dont les thérapeutiques « alternatives » décrédibilisent leur propre pratique, à l'heure où ils s'autonomisent de l'Église. Là-dessus, il y a consensus avec les prêtres-juges : la simulation de la souffrance ou des pouvoirs de guérison doit être punie avec la plus grande sévérité, qu'elle vienne des accusées ou des accusatrices, car elle signe l'intention de manipuler l'autorité. À la femme-animal de l'Antiquité succède (ou se superpose) la diablesse, affabulatrice, vicieuse, malhonnête...

Le bûcher fait rentrer les sorcières dans le rang avec une cruauté qui va progressivement se retourner contre

1. Le *Malleus maleficarum (Maillet des sorcières),* mode d'emploi de l'Inquisition pour identifier les sorcières, est selon Étienne Trillat un « véritable petit traité de psychopathologie sexuelle, sinon de pornographie ».

2. Michel Porret, *L'Ombre du Diable : Michée Chauderon, dernière sorcière exécutée à Genève (1652),* Genève, Georg éditeur, 2010.

3. Due à une accumulation de bile noire, couleur du Diable.

l'Inquisition. Les médecins vont prendre le relais en enfermant les « ensorceleuses » dans leur « maladie », et s'imposer ainsi dans le débat philosophique, juridique et médical : soigner et punir.

Convulsions et vapeurs : quand l'hystérie devient une affaire d'État

Au XVIIe siècle, l'Inquisition dont la puissance est devenue exorbitante est mise au pas par l'action conjointe de la papauté et des justices d'État. En France, les procès en sorcellerie sont interdits à partir de 1680, mais l'élitisme rationaliste des Lumières heurte les tenants du mystère divin, dont les pratiques religieuses se radicalisent et se fanatisent. C'est ainsi qu'à Paris, en 1731, des scènes de transes collectives se multiplient sur les tombes de certains saints, notamment au cimetière de l'église Saint-Médard. D'abord récupérées par les Jansénistes[1], qui y voient la manifestation du miracle divin contre la supposée décadence de Versailles et de Rome, elles dégénèrent rapidement. Soir après soir, les spectateurs contaminés par la transe des convulsionnaires de Saint-Médard forment une foule incontrôlable qui menace l'ordre public au point qu'en 1733 les cimetières sont fermés et les convulsionnaires arrêtés. Mais ils fascinent l'époque : Diderot s'en inspire pour écrire sur l'hystérie, et Mesmer pour mettre au point sa thérapie (voir plus loin). Tous les deux seront condamnés pour faire l'apologie de phénomènes incontrôlables,

1. Doctrine théologique qui croit dans la Grâce divine aléatoire et la prédestination, contre la liberté et la volonté humaines, et s'oppose ainsi à l'absolutisme de Louis XIV.

qui mettent de faibles femmes en danger, mais le spectacle continue à huis clos, chez des particuliers, pour des séances de spiritisme s'accompagnant de prophéties.

Parallèlement, la découverte des pouvoirs révolutionnaires de la vapeur[1] fait, par analogie, des *vapeurs* le symptôme fourre-tout d'un corps-machine en surchauffe. Au départ, les vapeurs ne sont pas en soi synonymes de maladie, mais sources d'intensité et de force : les vapeurs mélancoliques dont est victime Louis XIV sont signe de son génie. Imagination, subtilité, intelligence émotionnelle sont valorisées. Avoir des vapeurs, et en maîtriser les codes, est signe de raffinement, d'appartenance à une élite... et plus élégant et moderne que l'hystérie, dont l'extravagance est aux antipodes de la subtile esthétique vaporeuse. Les symptômes n'en sont pas moins les mêmes, et pour une médecine en pleine ébullition l'hystérie va devenir le tremplin de toutes les ambitions, obligeant la Faculté à y mettre bon ordre.

Sont visés les praticiens qu'elle considère faire du tort à la science, comme Pierre Pomme (1735-1812), coqueluche de la haute société, dont il traite les maux en douceur avec l'hydrothérapie, jugée charlatanesque[2]. Il se pose en Christ sauveur, victime de confrères jaloux, mais il n'est pas le seul à courtiser la clientèle fortunée qui veut avoir « son » médecin.

Le plus recherché, le plus sulfureux, et le plus attaqué est Franz Mesmer (1734-1815), magnétiseur autrichien qui

1. L'énergie thermique produite à volonté par la vapeur permet d'actionner un piston (énergie mécanique) et de là donnera naissance au moteur, aux machines et à l'industrie.

2. Son *Traité des affections vaporeuses des deux sexes, ou maladies nerveuses* est un best-seller.

fait fureur à la Cour de France à partir de 1779. Sa méthode consiste à provoquer des crises convulsives, à la manière des exorcistes mais pour expulser le trop-plein de vapeurs et non plus le Diable. Attouchements et concentration sont les clés de sa pratique, qui consiste à se placer face à la malade (c'est généralement une femme), puis à serrer ses genoux entre les siens, placer une main dans son dos et parcourir son ventre de l'autre... Bref à provoquer un rapprochement tel que « le visage s'enflamme par degrés, l'œil devient ardent, et c'est le signe par lequel la Nature annonce le désir[1] », comme le dénonce un rapport secret au roi. La technique du Baquet – grande bassine d'où sortent des tiges métalliques – lui permet de traiter plus de patients d'un coup, en faisant circuler à travers eux son fluide magnétique. D'un simple geste, Mesmer le dirige vers tel ou tel patient, et provoque une crise. L'effet d'imitation hystérique s'ensuit chez les autres, tous se tenant la main pour se passer le fluide magnétique. Parfois, Mesmer isole au contraire le patient dans une « chambre de crise », à la fois pour le mettre à l'abri des regards et éviter la contagion.

Le succès est tel que Mesmer crée une Société de l'harmonie, destinée à enseigner et répandre sa doctrine. La souscription (coûteuse) donne droit au secret de Mesmer, et très vite les fonds affluent. Mais des rumeurs de débauche et d'orgie se répandent à propos de ce qui se passerait autour du baquet et dans la « chambre de crise », impliquant la reine et ses proches.

Mesmer finalement expulsé de France en 1785, l'hystérie cesse d'être une affaire d'État, mais elle va rester le symbole d'un Ancien Régime décadent et hors sol.

---

1. *Rapport secret à Sa Majesté, par les Commissaires chargés par le roi de l'examen du magnétisme animal*, 1785, cité par Étienne Trillat, *op. cit.*

L'expertise médicale de l'hystérie : une lourde responsabilité

Soucieuse de procès exemplaires, l'Inquisition fait intervenir des médecins pour départager les vrais malades des sorcières, notamment grâce au test de l'aiguille. Enfoncée dans le corps (spécifiquement dans des zones sexuées), elle révèle les possédées marquées par l'insensibilité du Diable, qui ne ressentent pas la douleur et ne saignent pas. Si l'accusée avoue être possédée, elle peut éventuellement bénéficier d'exorcisme, et même être acquittée si ses convulsions s'accompagnent de symptômes attestant d'une maladie : perte de connaissance (épilepsie) ou suffocation (mélancolie). Mais celles qui s'entêtent à nier sont vouées au bûcher car la simulation (des accusées ou des accusatrices), signe l'intention de nuire en manipulant les juges.
On retrouve ces expertises au XVIIIe siècle, dans les procès des *Convulsionnaires*, religieux dont les transes et extases sont jugées dangereuses pour ses spectateurs et pour l'ordre public. Les deux sexes sont concernés, mais si les médecins s'efforcent de faire admettre le corps convulsif comme une forme pathologique de l'enthousiasme ou du fanatisme religieux, ils précisent que sont prioritairement touchés les femmes et (parmi les hommes) les faibles d'esprit. Les accusés qui se reconnaissent malades sont pris en charge, les autres sont emprisonnés. Soigner ou punir…
Le XIXe siècle remplace finalement la persécution par l'enfermement hospitalier, jusqu'à ce que la Première Guerre mondiale rouvre tragiquement la question de la condamnation côté hommes.

Des soldats victimes de paralysies et catalespies sont expertisés par des médecins chargés de départager les simulateurs-déserteurs des malades, mais l'époque n'incite pas à la clémence, et l'hystérie masculine en temps de guerre, c'est l'honneur de la patrie qui est en péril. La violence avec laquelle est utilisée sur les soldats l'électrothérapie, des deux côtés du Rhin, atteste de l'angoisse soulevée par leurs symptômes et suscite d'intenses polémiques. En France, un soldat refusant de se soumettre au « torpillage »[1] pratiqué par Clovis Vincent provoque un procès. Ce neurochirurgien applaudi par l'État-major sera finalement désavoué par l'opinion et la Cour[2], mais l'hystérie masculine n'en sort pas davantage reconnue et Vincent hérite de la première chaire de neurochirurgie après la guerre. Aujourd'hui, la question de la simulation reste centrale dans nombre d'affaires judiciaires, où des psychiatres sont appelés en experts pour tenter de départager le faux du vrai. Le soupçon de manipulation continue d'y peser lourdement sur les femmes, notamment dans les affaires d'abus sexuels où la charge de la preuve revient (encore) aux victimes. Ce même soupçon est à l'œuvre dans le concept d'aliénation parentale, qui fait d'un parent (généralement la mère) un manipulateur montant son enfant contre l'autre parent.

1. La force des décharges électriques transforme le patient en torpille.

2. Il sera la risée d'André Breton et des surréalistes, fascinés par l'hystérie.

Les vaporeuses, des mal baisées oisives

Dans *L'Invention de l'hystérie au temps des Lumières, 1670-1820* (EHESS, 2014), Sabine Arnaud considère qu'à cette époque « une mythologie de la femme inassouvie, inassouvissable, figée dans le désir, prend place. L'hystérie devient synonyme d'une incomplétude radicale, tragique ». *Les* vapeurs vont peu à peu devenir *ses* vapeurs. Et le symbole d'une société décadente, dont Marie-Antoinette est le modèle parachevé.

Les médecins font d'abord preuve d'empathie, entre courtisanerie et paternalisme. Dans son *Traité des affections vaporeuses du sexe* (1758), le gynécologue ami de Montesquieu Joseph Raulin considère les femmes deux fois victimes : de leur constitution fragile (nerfs sensibles, fibres délicates), et de leur éducation tournée vers la futilité et les intrigues. Elles sont malades d'oisiveté, d'ennui, et d'une mauvaise hygiène de vie (manque d'exercice et alimentation trop riche) qui leur causent des langueurs et des pâmoisons inopinées, plus que des crises.

Cette théorie hygiéniste va virer à une franche critique des mœurs à mesure que l'hystérie résiste. Le Genevois Théodore Tronchin (1709-1781), cité dans les lettres de Voltaire, Rousseau, Diderot, Buffon..., et souvent caricaturé entouré de Parisiennes courant l'accueillir, préconise un traitement énergique : grand air, exercice et occupation. Il ne s'agit pas de faire violence au corps, mais de lui accorder l'attention « positive » qu'il mérite. Pour Tronchin, à force de parler de la maladie on la déclenche, et cette impasse est entretenue par des médecins avides. Pierre Sue, chirurgien-bibliothécaire de l'École de santé de Paris, parle des vapeurs comme d'une « maladie sans maladie, qui fait l'exercice des gens oisifs, et la fortune de ceux qui la traitent».

Diderot ironise dans *L'Encyclopédie* (1748) : «Sans amants et sans vapeurs, on n'a aucun usage du monde et il n'y a pas une bourgeoise qui ne s'en donne.» Derrière la vaporeuse pointe déjà Emma Bovary, bourgeoise désœuvrée victime de son besoin de romanesque que Flaubert inventera un siècle plus tard. Mais avant que ce personnage s'impose comme archétype de la femme hystérique frustrée, il faudra que la médecine, la politique et le progrès social s'allient pour réactualiser ce que l'Antiquité avait nommé maladie des femmes.

3

Naissance de l'hystérie moderne : entre « dégenrage » et stigmatisation d'une société féminisée

L'hystérie moderne va émerger à la faveur de trois phénomènes : les progrès de l'anatomie permis par la dissection des cadavres (XVIe siècle); le déclin de l'autorité morale de l'Église, dans lequel s'engouffre la médecine; le goût pour l'introspection d'une société occidentale en pleine mutation (première révolution industrielle). Au début du XVIIIe siècle, l'« hystérie » fait son entrée officielle dans la langue française.

Le corps hystérique passionne : les anatomistes tentent de le rationaliser et les philosophes de le penser, tandis que les cliniciens font de la psychothérapie avant l'heure. Mais alors que la science pose les bases d'une hystérie universelle, les femmes un peu trop vite émancipées vont y être violemment renvoyées.

La neurologie naissante dégenre l'hystérie

Le Français Charles Lepois (1563-1633) détache pour la première fois les symptômes hystériques d'un organe particulier pour impliquer l'ensemble du système nerveux dont les dissections laissent entrevoir l'existence. Tendu par « les troubles de l'âme, les craintes et les joies[1] », il est agité

1. Cité par Étienne Trillat, *op. cit.*

de secousses qui, en remontant jusqu'au cerveau, provoquent convulsions, cécité, aphonie, surdité, torpeur, états de mort apparente... sans lésion organique. Même un enfant peut en être affecté.

L'intuition holistique de Lepois, qui bat en brèche le dualisme cartésien séparant l'âme divine du corps matériel, est reprise par plusieurs médecins anglais : Nathanael Highmore (1613-1685) se réfère à la découverte de la circulation sanguine (1628) pour expliquer que « cette maladie provient de l'afflux trop abondant d'un sang subtil et flatulent dans les vaisseaux du poumon et du cœur[1] » ; Thomas Willis (1621-1675) reprend la vieille théorie des « esprits animaux[2] » pour mettre l'hystérie sur le compte de leur dérèglement. Pour lui, « les femmes de tout âge et de toutes conditions sont sujettes à cette maladie, riches ou pauvres, vierges, épouses ou veuves. [Il l'a] observée chez les petites filles avant la puberté, chez les femmes âgées après la cessation des règles. Même [il l'a] vue quelquefois chez les hommes[3] ».

Enfin, Thomas Sydenham (1624-1689) recoupe l'hystérie avec les vapeurs, qui peuvent toucher autant les femmes[4] que les hommes[5], mais cette notion reste vague, insatisfaisante. Le Hollandais Boerhaave (1668-1736) va

1. *Ibid.*

2. Venus de Galien en passant par Descartes, les esprits animaux sont le relais de l'âme dans le corps, qu'ils animent en circulant du cerveau aux muscles. Aujourd'hui, on parlerait de transmetteurs neuronaux.

3. Cité par Étienne Trillat, *op. cit.*

4. Sous des formes que l'on retrouve toujours abondamment dans la clinique du XXIe siècle, comme la « boule hystérique » (gorge nouée) ou les crises abdominales hystériques (boule au ventre).

5. Sous forme d'hypocondrie chronique.

s'en affranchir en parlant de « maladie des nerfs ». Après lui, son élève anglais Robert Whytt (1714-1766) substitue à la théorie des esprits animaux la notion de « sympathie générale agissant sur tout le système nerveux », ancêtre de la neurotransmission. Comme Sydenham, Whytt note les effets des émotions sur les nerfs. Il sera le premier à évoquer, en plus des symptômes habituels de l'hystérie, la boulimie et les troubles de la digestion : il ne sera pas le dernier, puisqu'il est aujourd'hui admis qu'une part non négligeable des troubles du comportement alimentaire relève de l'hystérie (voir dans la deuxième partie : « Tout est dans la tête ? Oui et non »).

Mais l'enjeu persistant de la sexualité féminine freine l'avancée de la science

Alors qu'en Angleterre l'hystérie paraît donc « se désexualiser en quittant l'antre obscur de la fornication, le lieu du plaisir et du péché[1] », en France, au contraire, elle reste cantonnée à la vieille théorie utérine, réactualisée par Ambroise Paré, pour qui les vapeurs provoquent des « fureurs utérines », des « mélancolies érotiques », des « rages d'amour », qui se manifestent par des pâleurs, étouffements, raideurs, tremblements, malaises, catalepsie... et justifient de donner encore et toujours aux femmes des recommandations précises quant à leur sexualité.

1. Étienne Trillat, *op. cit.*

Dans son *Traité des vapeurs* (1689), Lange assimile les organes génitaux féminins à un égout qui doit être purgé. Dans l'hystérie, les «ferments» de l'utérus, mal régulés par la sexualité, montent au cerveau par les nerfs et le rendent malade. Lange condamne l'abstinence sexuelle, mais sans non plus inciter à la débauche prônée par les libertins – voir par exemple *Margot la ravaudeuse* (1748), héroïne prostituée de Fougeret de Montbron (1706-1760), nymphomane mais pas sujette à vapeurs[1], qui vaudra à son auteur arrestations et emprisonnements.

Diderot aussi sera condamné pour *La Religieuse* (1782), ouvrage dans lequel il décrit les effets pathologiques de l'abstinence imposée aux femmes. Il affirme dans son article «Sur les femmes» de l'*Encyclopédie* (1761) : «C'est de l'organe propre à son sexe que partent toutes ses idées extraordinaires. C'est dans la fureur de la bête féroce qui fait partie d'elle-même que je l'ai vue, que je l'ai entendue : comme elle sentait! comme elle s'exprimait! Ce qu'elle disait n'était point d'une mortelle.» L'utérus est toujours un animal dans l'animal et l'hystérie l'apanage des femmes, mais pour le meilleur : «La femme est un être de création, que l'hystérisme dote de génie.»

Par l'autopsie de femmes déclarées mortes d'hystérie (c'est-à-dire ayant succombé à des symptômes qualifiés d'hystériques), Sydenham avait posé la gravité potentielle de cette hydre «qui imite toutes les maladies et ne se réduit à aucune[2]». Son rapprochement avec la mode des vapeurs va signer sa perte en la banalisant. Consultés pour

1. «Les sentiments épurés et alambiqués de l'amour sont des mets qui ne conviennent pas à ma constitution; il me faut des nourritures plus fortes.»

2. Cité par Sabine Arnaud, *op. cit.*

tout et rien, des médecins s'improvisent sexologues. Bientôt la neurologie anglaise elle-même revient à l'utérus par le biais de William Cullen (1712-1790), qui invente le mot *névrose* en interprétant toutes les maladies en termes de contraction-relâchement des nerfs, et désigne l'appareil génital féminin pour expliquer les convulsions hystériques.

Il faudra attendre l'imagerie cérébrale, au XXe siècle, pour revenir à une approche réellement universelle de l'hystérie.

Diderot, philosophe de l'hystérie

La Religieuse (1782) peut être considérée comme la première fiction littéraire consacrée à l'hystérie. À travers l'histoire de Suzanne, Diderot approfondit les différentes phases du trouble (exaltée, apathique, mélancolique...), et il détaille surtout les phénomènes de suggestion et de contagion collective, qui passionneront les siècles suivants.

Dans l'espace du couvent, clos comme un théâtre, une jeune fille enfermée malgré elle fait sa première crise après avoir vu une religieuse prise de spasmes. En réalité, le couvent est dirigé par une mère supérieure qui convertit les novices par la force du spectacle (à l'image du Christ). D'où une véritable épidémie de crises. Déplacée dans un autre couvent, Suzanne y exporte son hystérie : elle rend ses caresses à la mère supérieure, dans un moment de sidération qu'elle ne peut expliquer que par la folie (fureurs utérines). Tout est allé vite, elle ne comprend pas ce qui s'est passé.

Multipliant les crises, Suzanne prend conscience du pouvoir de fascination qu'elles provoquent à leur tour. Elle se regarde regardée par les autres. Ce « bénéfice secondaire du symptôme », comme le nomme la psychologie actuelle, pourrait lui servir à manipuler, et la mère supérieure la pousse aux crises pour la stigmatiser comme rebelle, mais Suzanne ne craque pas : elle est guérie.

Le récit montre l'innocence et la vulnérabilité du corps en même temps que sa capacité manipulatoire.

La femme n'est pas passive, elle utilise sa force d'attraction d'une façon imprévisible et spectaculaire qui oblige à se positionner sans pouvoir se raccrocher à la « vérité » du signe hystérique (puisqu'il peut dire une chose et son contraire). Mais elle est aussi prisonnière de son corps, qui est une surface de projections. Elle est le jouet non pas de son imaginaire mais des forces sociales qui l'oppriment. La femme serait ainsi « à la fois inaccessible et facile à maîtriser, écrit Diderot, [car] cette imagination fougueuse, cet esprit qu'on croirait incoercible, un mot suffit pour l'abattre ». D'où son besoin d'être protégée… par un homme (évidemment).

Cette vision de l'hystérie, qui concerne des femmes économiquement faibles puisque victimes de la domination sociale des hommes, relie historiquement les sorcières de la Renaissance aux folles de Charcot au XIXe siècle[1]. Diderot la distingue de deux « faux amis », pas spécifiquement féminins, qui lui collent à la peau jusqu'à nos jours : l'acteur·trice, qui compose son rôle, comme il le

1. Elle sera à l'œuvre pour interpréter le « mal des blanchisseuses », qui sévit alors : cette sorte d'asthme, causé au départ par la pollution des machines à vapeur, contamine des ateliers entiers, sur le modèle des vapeurs de riches pris collectivement de langueurs.

détaille dans *Le Paradoxe du comédien*; le·la vaporeux·se qu'il décrit dans l'article « Vapeurs » de l'*Encyclopédie* : « oisifs qui se fatiguent peu par le travail manuel mais pensent et rêvent beaucoup », et pour lesquels « la première cause [du mal] est l'ennui et une folle passion, qui à force de tourmenter l'esprit oblige le corps à se mettre de la partie ; soit imagination, soit réalité, le corps en est réellement affligé. »
Là où le comédien interprète et où le vaporeux divague, l'hystérique exprime au contraire un ressenti profond, qui rend compte de son époque grâce à son hypersensibilité : son corps *suffoque* dans le cadre dépassé de l'Ancien Régime, que la bourgeoisie montante va bientôt faire exploser.

Les vapeurs hystériques : aux prémices de la psychanalyse

Avec l'essor de l'individu à partir de la Renaissance, et l'importance croissante accordée à ses états d'âme, la vague du récit de soi devient une déferlante au cours du XVIIIe siècle.

Les médecins confesseurs des vapeurs donnent les premiers l'exemple en s'auto-analysant, comme le fera Freud bien plus tard. Leur autobiographie introspective, écrite dans la langue des conversations de salon, et non en latin érudit à destination des pairs, est là pour aider les patients à construire leur propre subjectivité. *Medicina gymnastica*, gros succès de l'Anglais Fuller (1705), décrit ainsi les tourments mélancoliques de ce médecin qui met son savoir scientifique au service de l'authenticité et de la précision descriptive, sans éluder ses doutes et ses rechutes. Son humilité permet au lecteur de s'identifier, comme dans *The English Malady* (1733), autre best-seller du très célèbre médecin anglais Cheyne, qui démontre que l'hypocondrie est le symptôme d'une nation malade de ses richesses.

Traduits dans l'Europe, ces ouvrages diffusent un savoir nourri d'expérience clinique, sans traitement révolutionnaire – pratique du cheval, exercice physique, discipline de vie... – mais avec des découvertes psychologiques importantes, comme l'attachement au symptôme, mis au jour par Cheyne. Bien que les patients « soient extrêmement malades de corps, ils le sont encore plus d'esprit, car ils désespèrent absolument de leur guérison, et dès qu'on s'avise de leur en donner la moindre espérance, ils se mettent en grande colère, tellement que ce désespoir est essentiel à la maladie. D'ailleurs, ils se remplissent l'esprit des idées les plus tristes, et croient que toutes sortes de maux vont leur arriver[1] ».

Indéniablement, les vapeurs font progresser la médecine *via* la psychologie, venue de la philosophie. En France, la Société royale de médecine, créée en 1778, organise le partage d'expériences en réseau de praticiens, ce qui constitue une grande nouveauté par rapport à l'organisation savante très hiérarchisée de la Faculté (Freud reprendra ce modèle d'exposition-discussion de « cas » pour sa Société psychanalytique).

Plutôt que de symptômes, on parle désormais de patients, lesquels ne sont plus des victimes dépossédées d'elles-mêmes par la maladie, mais des acteurs de leur guérison. Nombreux sont les médecins à insister sur la nécessité d'amener le patient à retracer son éducation, son histoire et ses habitudes pour se réapproprier son corps à

1. *In* Sabine Arnaud, *op. cit.*

travers le récit et l'analyse de l'expérience. Se développe un langage pour s'épancher, dont le médecin se fait l'interprète et non plus le spectateur. La capacité d'écoute devient une compétence clé pour cet enquêteur des signes du corps, ce détective des secrets *inconscients* d'un malade.

L'intersubjectivité, qui sera un des piliers de la psychanalyse avec le concept de transfert, s'élabore ainsi à travers des dialogues écrits par des médecins échangeant avec un patient (fictionnel ou non) qui se fait cothérapeute.

L'hystérie, dénoncée comme symptôme de l'emprisonnement social des femmes dès le XVIIIe siècle

Dans *La Dissertation sur les vapeurs et les pertes de sang,* de Pierre Hunauld (1756), une marquise-patiente-muse développe une esthétique des vapeurs comme signe d'accession privilégiée à des sentiments exceptionnels, mais aussi de l'emprisonnement social des femmes : « Ces chagrins, ces colères viennent plutôt du désespoir de ne pas obtenir ou de n'oser même désirer[1]. » Elle considère que le médecin a une responsabilité dans la maladie, en faisant de la malade sa captive : « La manipulation souvent décrite comme caractéristique de l'hystérique trouve son miroir dans la ruse du médecin, qui cède pour convaincre et se tait pour faire parler. » Ce paternalisme qui ne dit pas son nom est un danger supplémentaire pour la femme qui croirait trouver de l'amour dans l'intérêt porté à ses troubles : rendue hystérique par sonstatut, elle n'a rien à espérer de sa vulnérabilité,

1. *Ibid.*

sinon un enfermement dans les griffes du médecin.
Cette vérité, qui préfigure malheureusement le traitement réservé aux hystériques au XIXe et même au XXe siècle, reste extrêmement pertinente jusqu'à aujourd'hui, où les soignants ont parfois du mal à ne pas considérer les patient·e·s comme leurs patient·e·s.

Aux récits de cas répond la littérature préromantique. Les larmes, pâleurs et évanouissements envahissent les récits, instrumentalisant le moindre trouble à des fins dramaturgiques[1]. Pour Rousseau (*Les Confessions*, 1782), « la souffrance est la raison d'être de l'œuvre; elle en signe l'authenticité ». L'écriture visera désormais le vrai et non le beau ou un idéal. Ainsi l'hystérie vaporeuse aura-t-elle inversé l'échelle des valeurs : ce n'est plus la gloire mais le tourment intime qui intéresse.

Cet aspect fécond, qui fera la fortune du roman psychologique, a son revers. Car ouvrir la boîte de Pandore des émotions va remettre en question toute l'organisation sociale : l'héroïsme guerrier cessera d'occulter le martyre des soldats; l'idéal de vertu ne suffira plus à emprisonner les femmes... Mais avant d'en arriver à ce chamboulement (qui correspond à l'époque de Freud, fin XIXe-début XXe siècle), la peur que suscite ce qui apparaît comme un amollissement des esprits et des corps va susciter une forte réaction de rejet de l'hystérie, symbole du manque de contrôle de soi et de l'auto-apitoiement.

1. Jean-Marie Chassaignon, *Cataractes de l'imagination, déluge de la scribomanie, vomissement littéraire, hémorragie littéraire,* 1779.

L'hystérie, prétexte à stigmatisation d'une société féminisée

Comme toutes les modes, les vapeurs vont dégénérer en ridicule. « On est malade sans savoir où l'on a mal ; mais on le dit ; et le visage s'ajustant au discours, on meurt à chaque quart d'heure, en mangeant et vivant toujours[1]. »

Le Malade imaginaire de Molière était l'archétype de l'hystérie dans son versant hypocondriaque. La vraie cause de son mal va bientôt être identifiée : en adoptant le mode de vie des femmes (sédentaire, oisif) et leur sensibilité aux « passions » (qui les mènent à la débauche et à l'épuisement), les hommes contractent leurs maladies. La traditionnelle distinction entre hystérie (féminine-convulsive) et hypocondrie (masculine-mélancolique) n'a pas disparu, mais l'universalisation des vapeurs signe la féminisation (inquiétante) des mœurs.

Elle signe aussi les ravages de la modernité, comme le montrent les réponses au concours organisé en 1786 par la Société royale de médecine sur les « maladies nerveuses proprement dites telles que l'hystéricisme, l'hypocondriacisme ». La pathologie vaporeuse est devenue la marque de la déréliction de la société pré-industrielle et coloniale, qui éloigne les corps d'une vie saine au grand air de la campagne (début de l'urbanisation), et les expose à la sédentarité, au manque d'exercice, et à la consommation de produits nocifs venus d'ailleurs (café et thé excitants ; chocolat trop riche ; épices trop fortes...). Le mode de vie urbain est violemment critiqué par rapport à la vie au grand air de la campagne. Le café, le thé ou le chocolat,

1. Louis-Antoine Caraccioli, *Le Livre à la mode*, 1757, dédié aux vaporeux.

typiques des excès de la modernité (colonialisme compris) excitent trop le corps et provoquent des vapeurs.

À l'aube de la Révolution, l'hystérie est un problème... de femmes riches, lubriques et insatiables, dont l'archétype est le « couple » Marie-Antoinette (nymphomane) et la princesse de Lamballe (hystérique notoire). L'aristocrate vaporeuse est devenue la femme à abattre, comme autrefois la sorcière pauvre, mais toutes les femmes sont en réalité désormais sujettes à méfiance. De confidents, les médecins font se faire leurs censeurs. En 1785, Retz considère que « le médecin se soucie de la santé de son patient (hystérique), tandis que celui-ci veut seulement avoir raison ». De là à considérer que le médecin est en réalité celui qui a raison... Il va devenir un pilier de la régénération nationale et la caution morale d'une réaction viriliste violente.

4

La Révolution : moment hystérique d'écrasement de l'hystérie

Dès 1789, la Déclaration des droits de l'homme et du citoyen instaure un universalisme qui n'en est pas un. L'Homme est un homme, et ce n'est pas un oubli ou une erreur. Le retour en force de la référence à Platon a remis les choses à leur place : l'hystérie est femme et la femme est débauche potentielle. *Femmellette* est l'insulte préférée des révolutionnaires les plus ardents, dont le modèle est le citoyen antique, paysan, père de famille et fier guerrier.

La Révolution a fait son lit du rejet d'un mode de vie dont les vapeurs ont dit le danger pour le corps social : « Plus de laboureurs, plus d'artisans et de soldats, parce qu'ils seront bientôt dénués de la force et de la vigueur qui sont nécessaires dans leur profession » (Pressavin, *Nouveau traité des vapeurs*, 1771).

Le corps révolutionnaire est sain et doit être protégé des faussetés aristocrates. Le médecin est réquisitionné pour faire triompher la Nature sur la débauche, et *régénérer* (autre mot qui fait fureur) la Nation française.

Dans un premier temps, il n'a pas grand-chose à faire ! En soi, le choc de la Révolution a stoppé net les vapeurs, et de nombreux médecins délaissent leur consultation pour participer aux événements politiques (comme Marat). Même la reine semble revigorée : sa femme de chambre

Mme Campan note dans son journal[1] que Marie-Antoinette ne souffre plus de langueur.

En même temps, la secousse collective révolutionnaire est présentée par les gazettes de l'époque comme une forme d'hystérie, une épidémie de convulsions ou vapeurs politiques. Pour Edmund Burke, la France est un corps féminin qui suffoque et se déchire[2].

Créée à Vienne en septembre 1791, *La Flûte enchantée* de Mozart fait triompher la sagesse de Sarastro, grand prêtre maçonnique rationnel, sur l'hystérie de la Reine de la Nuit, tandis qu'à Paris Louis XVI donne l'image du mari incapable de tenir le cap face à sa femme qui l'a poussé à fuir son pays (tentative échouée à Varennes). Ouvertement soupçonnée d'appeler son frère, l'empereur d'Autriche, à envahir la France, Marie-Antoinette est passée du statut de vaporeuse irresponsable à celui de manipulatrice criminelle.

Peut-être pour que la reine n'entraîne pas toutes les femmes dans sa chute, la dramaturge Olympe de Gouges vient présenter à l'Assemblée nationale un projet de *Déclaration des droits de la femme et de la citoyenne*, calquée sur celle de 1789, où elle prend en préambule sa défense tout en l'appelant, plutôt qu'à comploter contre son pays, à s'attirer la sympathie d'« une moitié du royaume, et le tiers au moins de l'autre en soutenant la révolution qu'elle propose. Celle-ci ne s'opérera que quand toutes les femmes seront pénétrées de leur déplorable sort, et des droits qu'elles ont perdus dans la société ». L'Assemblée ne contenant pas une seule femme, Olympe termine sa

1. Publié en 1822.
2. *Réflexions sur la Révolution de France*, 1790.

lecture sous les huées, et son projet disparaît en même temps que la Révolution s'accélère.

Olympe de Gouges, la sororité contre l'hystérie assignée aux femmes

La *Déclaration des droits de la femme et de la citoyenne* de 1791 combine la revendication d'universalisme (égalité absolue des droits et devoirs des deux sexes) avec un particularisme (sorte de discrimination positive) qui fait miroir à la Déclaration mâle de 1789[1]. Le texte contient quelques formules choc : « la femme a le droit de monter sur l'échafaud; elle doit avoir également celui de monterà la Tribune » (article 10) ; « la femme a part à toutes les corvées, à toutes les tâches pénibles; elle doit donc avoir de même part à la distribution des places, des emplois, des charges, des dignités et de l'industrie » (article 13).

D'un côté, Olympe de Gouges interpelle les femmes pour qu'elles aient conscience de leur égalité avec les hommes : « Craignez-vous que nos Législateurs français ne vous répètent : femmes, qu'y a-t-il de commun entre vous et nous ? Quelles que soient les barrières que l'on vous oppose, il est en votre pouvoir de les affranchir; vous n'avez qu'à le vouloir. »

De l'autre, elle enjoint les femmes à faire leur autocritique sur la question de la manipulation (hystérique) : « Les femmes ont fait plus de mal que de bien. La contrainte et la dissimulation ont été leur partage. Ce que la force leur avait ravi, la ruse

1. Cette ambiguïté débouchera au XXe siècle sur deux branches distinctes du féminisme (universaliste et différentialiste), en désaccord sur le « genre » de l'hystérie (*cf.* la troisième partie).

leur a rendu ; elles ont eu recours à toutes les ressources de leurs charmes, et le plus irréprochable ne leur résistait pas. Elles commandaient au crime comme à la vertu. Le gouvernement français, surtout, a dépendu, pendant des siècles, de l'administration nocturne des femmes ; tout ce qui caractérise la sottise des hommes, profane et sacré, tout a été soumis à la cupidité et à l'ambition de ce sexe autrefois méprisable et respecté, et depuis la révolution, respectable et méprisé. »

Sa conclusion – « Femme, réveille-toi ; reconnais tes droits » – exprime avec amertume la façon dont les hommes sont en train de voler la Révolution aux femmes : « L'homme esclave a multiplié ses forces, a eu besoin de recourir aux tiennes pour briser ses fers. Devenu libre, il est devenu injuste envers sa compagne. Ô femmes ! Femmes, quand cesserez-vous d'être aveugles ? Quels sont les avantages que vous avez recueillis dans la révolution ? Un mépris plus marqué, un dédain plus signalé. »

Emprisonnée sous la Terreur, Olympe de Gouges tente de faire croire qu'elle est enceinte pour éviter l'échafaud. Cette contradiction ultime avec son combat contre la manipulation hystérique ne l'empêchera pas d'être la deuxième femme guillotinée, juste après la reine, à l'automne 1793.

Avec la proclamation de la République le 21 septembre 1792, peuple-virilité-Nation ne vont plus faire qu'un. Le dépeçage du corps de la princesse de Lamballe, après l'arrestation de la famille royale, dit la haine d'une féminité jugée décadente et nuisible, mais sa tête promenée sur une pique joue, si l'on peut dire, sur les codes hystériques en voulant frapper l'imagination collective et déchaîner les passions. S'inspirant de la pratique catholique des processions autour des reliques de saints, la Révolution expose son miracle : elle a eu la peau de la meilleure amie de la reine, après celle du gouverneur de la Bastille le 14 juillet 1789. Après quoi, la guillotine pourra s'imposer presque naturellement pour fédérer la foule. La Terreur signe une flambée d'hystérie collective, qu'une République austère était censée contenir... et ne fait qu'aggraver.

Toutes ces images qui frappent les esprits (avec les fêtes républicaines qui multiplient les occasions de rassemblement) vont nourrir l'imaginaire de plusieurs générations. Lorsque Gustave Lebon publiera sa *Psychologie des foules* en 1894, devenu ouvrage de référence sur les phénomènes d'hystérie collective, il puisera dans la Révolution pour illustrer le pouvoir de la suggestion transformant en criminel un homme lambda (le boucher chargé par une foule surexcitée de trancher la gorge du gouverneur de la Bastille) ou un groupe (les massacreurs de prêtres en septembre 1792.

Avec l'Europe contre elle, la République a besoin de guerriers. Alors que l'ouverture des couvents a jeté dans les rues des femmes démunies et que la crise économique a fait flamber la prostitution, la Convention soigne les mères en adoptant un plan pour assister toutes les femmes enceintes de six mois minimum. L'instauration du divorce est censée limiter les naissances illégitimes en permettant aux pères de reconnaître leurs enfants nés hors mariage, mais elle n'aboutit qu'à faire exploser les séparations, initiées de manière écrasante par des femmes. Les clubs de femmes s'agitent jusqu'à obtenir pour les citoyennes de porter la cocarde et certaines revendiquent de prendre les armes. Débordée, la République stoppe net les revendications. Elle réaffirme l'inégalité naturelle des femmes pour les exclure du suffrage universel et renvoie chez elles les amazones de Théroigne de Méricourt. L'hystérie va terrasser leur cheffe avant de servir d'alibi à un enfermement particulièrement strict des femmes.

Théroigne de Méricourt, l'amazone brisée par la Révolution

Théroigne de Méricourt (un pseudonyme) est une femme issue du peuple « protégée » par un homme riche comme beaucoup de femmes de l'époque, dont Olympe de Gouges. Devenue l'amie de grands révolutionnaires, elle est emblématique d'une hystérie déclenchée par la Révolution. En mai 1793, alors qu'elle se présente à la Convention au bras d'un député, un groupe de « tricoteuses »[1] descendent des tribunes, s'en prennent à l'intrépide (comprendre ici la salope), déchirent ses vêtements et lui administrent une violente fessée publique. Seule l'intervention de Marat la sauvera du lynchage… mais pas de la folie. Tandis que les femmes sont définitivement exclues des tribunes de la Convention, dont les débats sont déjà suffisamment houleux pour ne pas en rajouter avec des spectatrices déchaînées, l'Amazone est internée par son frère. Cet internement, qui la met à l'abri de la Terreur mais la dépouille aussi de ses biens au profit de son frère, entraîne expertise sur expertise. L'historienne de la psychanalyse Élisabeth Roudinesco[2] décrit les rituels de purification

1. On appelait ainsi les femmes du peuple qui tricotaient tout en assistant aux débats depuis les tribunes.

2. *Théroigne de Méricourt : une femme mélancolique sous la Révolution*, Le Seuil, 1989.

masochiques auxquels elle s'adonne, et fait d'elle une hystérique que la violence révolutionnaire a fait basculer dans la maladie mentale – même si sa syphilis a aussi pu y jouer un rôle. Elle passe les vingt-trois années suivantes à l'asile, où elle mourra. Son destin de météorite inspire poètes, peintres et dramaturges, avant que le féminisme en fasse un symbole de destin tragique à la Camille Claudel.

Un féminisme inédit aura néanmoins émergé de la période. Car le profil d'Olympe de Gouges – ou celui de Manon Rolland, femme du ministre Rolland et guillotinée en novembre 1793 – n'est pas celui d'une aristocrate des Lumières, à qui sa fortune donne une liberté de ton et de vie particulière. Si Napoléon fait de l'une d'elles (Mme de Staël) sa bête noire, la cause du *beau sexe* s'est souterrainement élargie et démocratisée au-delà de celles qui pouvaient se faire entendre avant 1789. La chute de Robespierre, qui incarnait une pureté asexuée, est d'ailleurs portée au crédit d'une femme, Mme Tallien, qui avait mis son amant député au défi de la sortir de prison. Sur le moment, la France entière pleure au triomphe de l'amour sur la guillotine, mais ce moment de grâce sera de courte durée. La Révolution, menée par des hommes traumatisés par la duplicité de l'Autrichienne et se faisant une fierté de mourir sans larmes, a cristallisé une paranoïa masculine ancestrale : la manipulation féminine (hystérique). La femme est fourbe, et sa matrice ne lui donne aucun droit, au contraire : le cancer de l'utérus de Marie-Antoinette ne lui épargne pas la guillotine.

Dans ce contexte, les médecins ne sont plus des courtisans incompétents et bavards, mais des citoyens clés pour que chacun se consacre au travail, à la famille et à la patrie[1]. En 1792, un certificat médical de vapeurs pouvait encore permettre aux aristocrates d'éviter la prison, en les envoyant en maison de santé, ou de prouver qu'ils n'avaient pas émigré mais pris les eaux. À partir de 1793, il n'y a plus de vapeur qui tienne. Un citoyen honnête ne peut pas être hypocondriaque, ni son épouse hystérique puisqu'elle s'acquitte honorablement du devoir conjugal. Le discours hygiéniste « rend » l'hystérie à la femme, pour la ramener à sa fonction : (bien) enfanter.

---

1. Comme plus tard dans les années 1940, ces trois valeurs cardinales sont censées redresser une société jugée décadente.

5

L'hystérie met la femme sous la coupe du médecin des mœurs

L'hystérie dévoyée par les vapeurs sort de la Révolution marquée au fer rouge par l'idée que féminisation et décadence ne font qu'un. En voulant prendre exemple sur la femme, qui ne fait pas la guerre et s'écoute trop, l'homme n'a réussi qu'à s'affaiblir. Premiers à s'être laissé duper, les médecins, qui étaient tous plus ou moins d'anciens obligés d'aristocrates vaporeux, savourent leur revanche en endossant les habits de grands prêtres d'une France vidée de ses ecclésiastiques.

Hommes et femmes ont également souffert de la guerre civile qui s'achève, mais le thème de la vulnérabilité féminine permet aux hommes de se revigorer. Derrière le ton de déférence et d'hommage, le paternalisme patriarcal va tomber sur les femmes.

Il faut être très riche et très libre pour y résister. C'est le cas de Mme de Staël, qui n'a ni les langueurs d'une vaporeuse ni la faiblesse d'esprit d'une hystérique, et que Napoléon va tenter de tuer en l'exilant. Ses romans, lus dans toute l'Europe, gardent vivace le souvenir de la femme émancipée des Lumières, contrastant avec la bourgeoise enserrée dans le mariage que le XIXe siècle donne désormais en modèle. Mais l'Histoire, écrite par des hommes, balaiera Mme de Staël. La femme *doit* être hystérique.

Reconstruire la France post-révolutionnaire par le traitement moral de la femme hystérique

Débarrassée de la religion pour être pleinement pathologique, la *névrose* devient après la Révolution le nouveau nom de l'hystérie, que seul un médecin assez héroïque pour résister à la manipulation pourra vaincre. Dans les cas présentés à la Société médicale d'émulation, créée en 1796 à la place de l'ancienne Société royale de médecine, les observations de patients tournent à l'étude morale. L'inusable théorie de la matrice déresponsabilise la femme hystérique de *sa* pathologie génito-centrée. En même temps, la malade est jugée selon l'effort qu'elle met ou pas à sa guérison (alimentation, exercice physique... et sexuel). L'idée de faute, la culpabilité se développent, pour un double avantage : concentrer la femme sur son rôle d'épouse et de mère, et dédouaner les médecins de leurs insuffisances. Tous (ex-révolutionnaires, bonapartistes, survivants de l'Ancien Régime) sont d'accord sur un point : la nécessité d'encadrer l'utérus, dont l'animalité explique la bizarrerie, l'inconstance, le caractère instinctif et la vulnérabilité de la femme. La bonne vieille recette consistant à plomber la matrice reprend du service, alors que les guerres napoléoniennes grèvent la démographie française. Comme disait Bonaparte, après une bataille meurtrière : « Une nuit à Paris et il n'y paraîtra plus. »

Chambon de Montaux (1718-1826) :
maire révolutionnaire et médecin conservateur

Auteur des *Maladies des filles*, puis des *Maladies des femmes* (1784-1785), Chambon est typique du médecin à la fois proche des femmes et englué dans la théorie de « l'animal dans l'animal ». Maire de Paris pendant l'hiver 1792-1793, débarqué pour modérantisme, il est sollicité pour participer à l'*Encyclopédie méthodique* publiée à partir de 1782 sur le modèle de l'*Encyclopédie* de Diderot et d'Alembert. Ses articles « Infanticide » et « Avortement » dissocient pour la première fois les deux, mais son article « Hystéricisme » est désespérant de conservatisme : « Les pensées voluptueuses excitent un orgasme dans les parties de la génération, qui porte le trouble dans le système nerveux et la suffocation de matrice a lieu. »

La figure de l'*aliéniste* – s'occupant des aliénés, c'est-à-dire des malades mentaux – devient incontournable. Le plus célèbre d'entre eux est Pinel, dont la méthode consiste à s'appuyer sur la partie raisonnable présente chez tout patient pour le forcer peu à peu à reconnaître ses erreurs, par le dialogue et si nécessaire l'autorité. En 1785, Retz plaçait le médecin dans une supériorité radicale par son savoir, mais sur un mode où il ne devait pas contrarier la patiente. Pinel reprend cette image du médecin séduisant-courtisan dans *La Médecine clinique* (1802). Son objectif est de gagner la confiance de la patiente, mais pour en obtenir ce qu'il veut, ce qui fait dire à Michel Foucault[1] que Pinel n'a fait que remplacer une contention physique par un

1. *Histoire de la folie à l'âge classique*, Gallimard, 1972.

conditionnement moral : le malade se trouve en effet livré à la toute-puissance des médecins, seuls à juger de la guérison entre les quatre murs de leurs asiles.

Philippe Pinel (1745-1826),
médecin des mœurs

Philippe Pinel a d'abord pensé à la prêtrise avant de s'orienter vers la médecine. Ne pouvant exercer en dehors de Montpellier dont il est diplômé, il monte malgré tout à Paris en 1778, et occupe son temps à traduire les travaux du neurologue anglais Cullen et à explorer le magnétisme animal de Mesmer, qui fait alors fureur. La Révolution, et son amitié avec le docteur Cabanis qui y participe activement, va propulser sa carrière. Il est nommé à l'asile de Bicêtre en 1793, puis médecin-chef de la Salpêtrière en 1795. C'est là qu'il soignera Théroigne de Méricourt jusqu'à sa mort.
Sa classification des maladies mentales (*Nosographie philosophique*, 1798), qui a servi de base à des générations d'étudiants, relève du patriarcat le plus pur. L'hystérie n'y figure pas parmi les « anomalies des fonctions nerveuses » : son siège est l'utérus et le mariage sa thérapie. Et dans sa nouvelle édition de 1803, l'hystérie est classée dans les « Névroses de la génération », subdivision « Névroses génitales de la femme », juste après le chapitre sur la « Nymphomanie ».
Les livres de Pinel vieilliront mal, alors que la neurologie avance à toute vitesse : fonctionnement de la moelle épinière, localisation des aires du cerveau par fonction (phrénologie), tâtonnements de la neurochirurgie…

L'Histoire a préféré retenir l'aliéniste libérant les malades mentaux (« aliénés ») des chaînes qui les entravaient. Ce geste est immortalisé par un tableau de Robert-Fleury, peint en 1876 à l'époque où Charcot commence ses leçons sur l'hystérie. Il est la réplique féminine d'un précédent tableau de Charles Müller, présentant Pinel libérant des hommes, mais il est plus célèbre que son prédécesseur. L'Histoire a bien retenu la leçon : l'hystérique est une femme, et le médecin son sauveur.

L'hystérie au service d'une hiérarchie exacerbée

En rangeant l'hypocondrie masculine parmi les *aliénations* de l'esprit, et l'hystérie féminine dans les *spasmes*, Pinel entérine par le genre la séparation maladie mentale-maladie physiologique. Retour à Platon : les hommes sont malades du cerveau, les femmes de la matrice... et les deux de leurs passions, mais pas sur le même mode.

Pinel ne fait que refléter un courant qui traverse toute la médecine. Le conservateur Louyer-Villermay (1776-1838) se lance ainsi dans une « psychologie différentielle des sexes[1] », où les passions orageuses, la haine et l'ambition sont dans la nature de l'homme et prédisposent à l'hypocondrie, alors que « chacun sait qu'une bouche faite pour sourire, que des yeux tendres et animés par la gaîté, que des bras plus jolis que redoutables et un son de voix qui ne porte à l'âme que des impressions touchantes ne sont

1. Étienne Trillat, *op. cit.*

pas faits pour s'allier avec les passions haineuses et violentes[1] ».

Banalement, Louyer-Villermay préconise une sexualité active dans un cadre bienséant. Mais la masturbation est désormais proscrite, et, passé la Révolution, médecine et religion marchent de nouveau main dans la main pour donner à l'hystérique un cadre moral salvateur.

Il serait fastidieux de dresser la liste des médecins qui vont sédimenter de leurs traités l'association hystérie-caractère féminin : ils ne font que refléter leur époque, ou plutôt une partie de leur époque, car les plus audacieux préfèrent les découvertes de la neurologie à cette sexologie qui ne dit pas son nom et tourne en rond[2].

Que ce soit à cause de leurs règles, de leurs nerfs fragiles, de leur imagination débridée, de leurs frustrations sexuelles ou de leur asservissement aux hommes, les femmes ont tout pour devenir hystériques.

Le Romantisme des années 1820-1850, en exagérant la différence de genres, va placer la femme sur un piédestal, mais sur un mode victimaire qui délègue à l'homme une responsabilité pour deux. Ce qui fait dire à la jeune Louise Michel, dans une lettre à Victor Hugo de 1850 : « Le grand homme fait de la femme une idole et une pauvre idiote, car il faut que le mari la crée à son image[3]. »

---

1. J.-B. Louyer-Villermay, *Recherches historiques et médicales sur l'hypocondrie*, 1802.

2. Seul à être passé à la postérité, Paul Briquet (1796-1881), auteur d'un *Traité de l'hystérie* (1847), a donné son nom au syndrome de Briquet, qui reste dans les classifications psychiatriques internationales actuelles comme « Trouble de somatisation » (sorte d'hypocondrie à manifestations hystériques au long cours).

3. Cité par Étienne Trillat, *op. cit.*

L'hystérie met la femme sous la coupe du médecin des mœurs

Le grand historien Michelet[1] revendique pour la femme le droit au plaisir sexuel (et au salaire décent), mais la décrit encore sous le Second Empire enjôleuse et insaisissable (c'est-à-dire hystérique). Beaucoup plus radical est *Madame Bovary*, que Flaubert (fils de médecin) publie en 1857. Son personnage cristallise l'archétype repoussoir de l'hystérique : mauvaise épouse, mauvaise mère, égocentrique, dépensière et suicidaire. Jusqu'au bout condamnable pour son imaginaire autodestructeur – parce qu'il tourne en réalité à vide. Par contraste, le modèle dont cette époque enfonce le clou, est celui de l'homme d'autorité prenant l'ascendant bienveillant sur une femme fragile. Suggestion masculine contre manipulation féminine...

1. *L'Amour*, 1858; *La Femme*, 1859.

6

Corps électrique et hypnose : la femme hystérique, terrain d'exploration du neurologue

La médecine des vapeurs a légué à l'histoire de l'hystérie le rôle essentiel joué par la relation patient-thérapeute. Encore faut-il que le médecin, qui a gagné la première manche sur l'aristocrate vaporeuse (son équivalent masculin a disparu dans la bataille), acquière la reconnaissance de ses pairs. Or, l'hystérie a cette particularité de ne pas se laisser circonscrire par la physiologie. Comment dès lors percer son mystère sans sortir des clous de la science ? Mieux : grâce à la science ? Une répartition des tâches se fixe : l'homme explore, la femme se laisse explorer.

Le legs de Mesmer : la puissance de la suggestion sur l'énergie du corps

C'est en recyclant du connu (la convulsion des mystiques) avec du nouveau (le magnétisme terrestre et l'électricité, tout juste découverts) que Mesmer est devenu célèbre. Sa vision du corps est celle d'une somme de flux électriques, dont il s'agit d'assurer la bonne circulation. Après avoir testé les aimants métalliques pour soigner la dérégulation des flux, Mesmer a développé l'idée d'un magnétisme animal dont il serait lui-même porteur, et qu'on pourrait emmagasiner et propager à volonté[1]. Ironie de l'histoire, c'est en voulant crédibiliser le magnétisme qu'un de ses fervents défenseurs (Deslon, médecin du frère de Louis XVI) provoquera sa chute. Sur sa demande, une commission d'experts est nommée. La réponse des savants qui la composent (Antoine Lavoisier, Joseph-Ignace Guillotin, Benjamin Franklin...) est sans appel : « L'imagination sans magnétisme produit des convulsions ; le magnétisme sans l'imagination ne produit rien[2]. » C'est rendre hommage en creux à l'aura de Mesmer, tout en invalidant sa théorie.

Ses successeurs (Puységur, Lafontaine) laissent le fluide magnétique aux guérisseurs et aux rebouteux pour s'intéresser au somnambulisme. Mais après avoir assisté à une séance de Lafontaine, le chirurgien anglais James Braid (1795-1860) constate que c'est la fixation d'un objet, et non un fluide, qui enclenche le « sommeil magnétique ». En 1843, il publie *Neurhypnology* (traduit en France en 1883), où il décrit à la fois la suggestibilité dans l'état de catalepsie, et la répétition, sous hypnose (mot qu'il invente), de phénomènes spontanés observés dans l'hystérie.

En France, tout un courant hypnotique se développe, qui sort Mesmer du purgatoire... pour mieux l'envoyer en enfer ! La découverte du fonctionnement neuronal confirme son intuition du corps électrique, et la meilleure connaissance des mécanismes de la suggestion rationnalise sa pratique du magnétisme, mais la science médicale ne saurait être

1. D'où sa pratique controversée des attouchements et du Baquet, voir plus haut, p. 29.

2. *Rapport secret à Sa Majesté, par les Commissaires chargés par le roi de l'examen du magnétisme animal*, 1785.

associée à cette référence sulfureuse. Deux chirurgiens vont la faire oublier : Eugène Azam (1822-1899), pionner dans l'utilisation de l'hypnose pour étudier l'hystérie, et son ami Broca[1], qu'il a formé, et qui convainc la Faculté en présentant le cas d'une femme qu'il a opérée sous hypnose (1859).

Alors que la psychiatrie, enfermée dans l'obsession classificatoire de Pinel, a jeté l'éponge de l'hystérie, et que les progrès de la neurologie s'accélèrent, l'hypnose devient le grand espoir de traitement d'une maladie toujours bien mystérieuse.

Mode holistique et actualité de l'hypnose

Lorsqu'on tape « Mesmer » sur Internet, c'est un hypnotiseur professionnel québécois qui apparaît : Messmer (en référence au médecin, avec un « s » en plus) *alias* « le fascinateur », de son vrai nom Eric Normandin. Le spectacle, le charlatanisme, Franz Mesmer avait pourtant tenté de les écarter en formalisant sa doctrine. Il considérait que le magnétisme reliait l'Homme à l'univers, dans une vision d'un continuum entre l'humain et la Nature très en vogue au temps des Lumières. Aujourd'hui, le regain d'attrait pour ce Grand Tout dont l'homme ne serait qu'un élément parmi d'autres explique en partie l'actualité du mesmérisme, qui doit surtout à l'espoir d'une guérison express par l'hypnose – et en tout cas plus rapide que par la psychanalyse… qui s'en était détachée.

1. Il a laissé son nom à l'aire de Broca (1861), zone latérale gauche du cerveau correspondant à l'audition.

L'hypnose, révélatrice des personnalités multiples de l'hystérique : le cas Félida

Les expériences menées dans les années 1870-1880 par Azam avec Félida[1] ont fait couler beaucoup d'encre à juste titre : ce premier cas de « personnalité multiple » scientifiquement documenté est une étape clé dans l'histoire de l'hystérie.

Cette jeune fille pauvre et sans éducation (profil type de l'hystérique à l'époque) est une à l'état de veille, une autre en état d'hypnose : ses symptômes hystériques (évanouissements, paralysies, etc.) apparaissent spontanément ou peuvent être reproduits sous hypnose. Quand est-elle « vraie », saine ? Médecin et patiente divergent sur la réponse, Félida se fiant à son ressenti (mariée, elle mène une vie tranquille sans crise), Azam à sa vision de sa pathologie (cette vie-là dissimule la Félida « animée »). Ce point est fondamental sur trois aspects :

– la vieille idée selon laquelle la femme est « habitée » par quelque chose de plus fort qu'elle – utérus autonome, voix intérieure ou sixième sens – est désormais scientifiquement démontrée. Il n'y aura *plus qu'à* l'appeler « inconscient » ;

– ce quelque chose serait libéré lors d'un état psychique particulier : neurologues et psychologues ne vont plus cesser de l'explorer, jusqu'à aujourd'hui où nous l'appelons *état modifié de conscience* ;

– l'image du thaumaturge délivrant la femme de ses démons – prêtre exorciste, Mesmer ou Pinel – se brouille à partir du moment où il la considère malade *même et surtout*

1. Tous les cas de psychopathologie sont présentés sous des pseudonymes.

lorsqu'elle ne fait plus de crise. Jusque dans la guérison, l'hystérique prendrait un malin plaisir à contredire son thérapeute ? Ou est-ce lui que l'hystérie a rendu paranoïaque ?

Charcot et Bernheim : hypnose de culture contre suggestion universelle

Jean-Martin Charcot (1825-1893) s'est fait un nom à La Salpêtrière comme neurologue anatomopathologiste, c'est-à-dire en disséquant les cadavres pour comprendre l'anatomie du système nerveux. Un peu par hasard, il se voit confier en 1870 le nouveau Quartier des épileptiques de l'hôpital, où le successeur de Pinel, Charles Lasègue (1816-1883) a transféré les « convulsives », qui perturbent son service avec leurs extravagances et sont définitivement inclassables[1]. Curieux, Charcot se lance dans leur observation méticuleuse, et démontre rapidement que les symptômes hystériques ne correspondent pas à la distribution anatomique des nerfs : l'absence de localisation et de lésion organiques fait même la spécificité de l'hystérie. Il faut donc chercher ailleurs pour pouvoir soigner.

Rapidement aussi, il constate l'effet d'imitation-contagion de l'épilepsie sur l'hystérie, et l'isole en levant l'ambiguïté qui la dessert : oui, l'appareil génital paraît concerné ; non, ça ne fait pas des hystériques des nymphomanes.

Puis il tranche le sempiternel débat épilepsie-hystérie-mélancolie en décrivant ce qui va asseoir sa réputation, pour le meilleur puis pour le pire : *la* « grande crise

1. Après de longues analyses, il a abouti au constat que la définition de l'hystérie « n'a jamais été donnée et ne le sera jamais » (cité par Étienne Trillat, *op. cit.*).

hystérique » en quatre phases (douleur ovarienne[1] ; attaque avec cris-rigidités, évanouissements, etc. ; phase clownesque ; puis sanglots-pleurs-rires), dont le contenu émotionnel la distingue de l'épilepsie, et le caractère paroxystique de la mélancolie et de la neurasthénie[2].

Les symptômes circonscrits, vient la question du traitement. Charcot (voir encadré page suivante) va s'y abîmer en misant sur l'hypnose sans voir le biais de la suggestion hystérique, qui est au cœur des travaux de son rival Bernheim.

Neurologue comme Charcot, Hyppolite Bernheim est venu à l'hypnose en voyant pratiquer Liébault (1823-1904), ancien séminariste et médecin qui se définit avec humilité comme guérisseur, et même charlatan. C'est en constatant les effets de la suggestion sur la population générale que Bernheim a conclu que tout le monde était potentiellement hystérique. La femme n'est pas habitée par quelque chose de plus fort qu'elle ; ce quelque chose n'est pas libéré par l'hypnose ; tout vient du médecin. Lequel peut aussi bien guérir que... rendre malade. Ou provoquer la simulation (Charcot). Ou suggérer un effet inverse à celui qu'il recherchait (Azam).

Délaissant l'hypnose, Bernheim considère que la suggestion peut se faire à l'état de veille. Sa définition du phénomène est limpide : « La suggestion est l'acte par lequel une idée est introduite dans le cerveau et acceptée par lui. » Introduite par un tiers ou par le sujet lui-même, acceptée consciemment ou non, cette idée relève bien d'un acte, et non d'un hasard.

---

1. La découverte du cycle de l'ovulation en 1827 a sans doute influencé Charcot.

2. Catégorie proposée en 1879 par l'Américain Beard pour décrire une sorte d'épuisement dû au stress de la vie moderne.

Charcot et l'échec du traitement de l'hystérie par l'hypnose

Le cas Félida laisse penser à Charcot qu'il existerait une hystérie naturelle, et une hystérie provoquée par l'hypnose... permettant de comprendre la première. Mais alors que sa méthode se voulait rigoureusement scientifique (isoler l'hystérie en la traitant sous hypnose), la suggestion va tout biaiser. Il apparaît en effet qu'il faut un terrain hystérique pour déclencher une hystérie artificielle – autrement dit, c'est l'hystérie qui explique l'hystérie. Depuis Nancy, son rival Hippolyte Bernheim ironise sur l'« hystérie de culture ».

Cent ans après la commission d'enquête sur le magnétisme qui avait conclu que « l'imagination sans magnétisme produit des convulsions ; le magnétisme sans l'imagination ne produit rien », Charcot bute sur le même type d'écueil : l'hystérique sans hypnose produit des crises ; l'hypnose sans l'hystérique ne produit rien. Mais l'hystérique avec l'hypnose produit... de la simulation.

Charcot va se perdre en s'acharnant, comme le montre le film *Augustine* d'Alice Winocour (2012). On l'y voit en scientifique obsédé par ses recherches, rencontrant une jeune malade qui a fait le forcing pour qu'il la soigne. Leur désir commun que *ça marche* se confond en désir réciproque. Charcot mise tout sur Augustine, qui s'en remet à lui jusque sexuellement. Fasciné par ce corps féminin qui extériorise les émotions que lui-même réfrène, Charcot espère toujours plus de sa partenaire d'amphithéâtre, au risque de s'y perdre[1]. Guérie, Augustine le quitte : Charcot devra répondre seul de sa méthode à ses détracteurs.

Le titre du dernier livre que publie Charcot avant de mourir brutalement d'une embolie pulmonaire dit son désarroi : *La Guérison par la foi.* L'année suivante, Gustave Lebon fait paraître *Psychologie des foules* (1894), où il reprend à son compte la conviction de Bernheim : « Les avocats, les prédicateurs, les professeurs, les orateurs, les négociants, les charlatans, les séducteurs, les hommes d'État, etc., sont des suggestionneurs[2]. » L'ouvrage de Lebon sera le livre de chevet de Mussolini.

1. Dix ans après le tableau représentant Pinel avec *ses* aliénées, André Brouillet représente Charcot lui aussi « en couple » avec sa partenaire-patiente Marie, très décolletée comme décidément les hystériques, et abandonnée aux bras d'un assistant. On est en 1886, la scène se passe entre les murs d'un laboratoire, devant un aréopage d'étudiants masculins, les yeux braqués sur une jeune femme offerte en syncope. Une infirmière sans âge se tient prête à la retenir.

2. Citations tirées de H. Bernheim, *Hypnotisme, suggestion, psychothérapie*, Paris, 1891.

Les états modifiés de conscience : l'intuition de Janet

Conscient de l'importance croissante de la psychologie[1], Charcot lui avait créé un laboratoire à La Salpêtrière, et l'avait confié à Pierre Janet (1859-1947). Ce fils spirituel va tuer le père en démontant le dressage auxquelles étaient soumises les hystériques des leçons mondaines de La Salpêtrière.
Repartant de Félida, Janet s'efforce de démonter les mécanismes psychiques produits par l'hypnose pour en éliminer le merveilleux. Il constate ainsi qu'elle modifie le « champ de conscience » : son « rétrécissement » expliquerait les crises hystériques, et sa « dissociation » les dédoublements de personnalités. Les crises étant trop associées à Charcot, Janet se concentre sur les dédoublements. Soit le malade en a conscience (c'est ce qu'il appelle la « psychasthénie »), soit non (c'est ce qu'on appelle la « belle indifférence » de l'hystérique à ses symptômes[2]).
Sa démarche ouvre deux voies extrêmement fécondes pour l'avenir : neurologique, avec l'exploration des états modifiés de conscience par l'imagerie cérébrale; psychologique, avec les notions de dissociation et de personnalité multiple, qui ont depuis largement dépassé le cadre de l'hystérie.
Mais au début du XXe siècle, Janet ne peut s'appuyer sur des preuves scientifiques, et l'hypnose est trop incertaine pour lui laisser la responsabilité de l'hystérie.

1. Au point qu'on parle désormais de « psycho-névrose », terme repris par Freud au début.

2. Voir l'encadré La « belle indifférence » de l'hystérique à ses symptômes, une construction commode, p. 98.

Freud : renoncer à l'hypnose et à la suggestion pour écouter le symptôme

Jeune praticien, Freud a été initié à l'hypnose par le neurologue Joseph Breuer (1842-1925), qui lui a parlé du cas Anna O., jeune hystérique belle, intelligente et cultivée, qui changeait des hystériques d'asile.

L'échec de sa thérapie (voir encadré) convainc le jeune et ambitieux Freud (1856-1939) d'aller suivre les conférences de Charcot à Paris. Au cours de l'hiver 1885-1886, il y découvre une pratique directive de l'hypnose par suggestion (ordre donné au patient de guérir), et assiste à des présentations de cas masculins. Lui-même fasciné par Charcot, il écrit : «Jamais un être humain ne m'a autant impressionné[1].» De retour à Vienne, il ouvre son cabinet, traduit en allemand *La Suggestion et ses applications à la thérapeutique*, que Bernheim vient de faire paraître, et applique ses principes sur ses premiers patients. Mais après deux ans de pratique, ses résultats ne sont pas meilleurs que la méthode cathartique de Breuer.

Anna O., cobaye de la psychanalyse

Dans les *Études sur l'hystérie,* que Freud publie avec Breuer en 1895 et qui le fera connaître, Anna O. figure comme une réussite. Elle est même devenue la première réussite officielle de l'histoire de la psychanalyse, par un enjolivement des choses organisé par Freud et Breuer pour s'imposer dans la course à la guérison de l'hystérie qui battait alors son

1. *Correspondance, 1873-1935.*

plein. Mais la réalité de la patiente Bertha Pappenheim – dite Anna O. – est assez différente. Élevée dans un cadre juif orthodoxe dont elle essaie de se dégager en s'évadant dans son « théâtre privé[1] », Bertha est suivie par Breuer de 1880 à 1882. Il pratique sur elle l'hypnose cathartique[2], qui consiste à débarrasser le patient du vécu pénible sous-jacent aux symptômes hystériques en le faisant revenir à la conscience, et qu'Anna O. appelle « ramonage de cheminée ». Il y associe massages, régimes alimentaires… et morphine. Ainsi que la « faradisation », ou électrothérapie, qui reproduit, sans les attouchements, la méthode convulsive de Mesmer consistant à soigner le mal (la convulsion) par le mal (la stimulation électrique d'un nerf pour provoquer une contraction musculaire)[3].

Tous ces traitements étant sans effets, Breuer doit faire hospitaliser « Anna » dès 1883. Transfert excessif ? Addiction à la morphine ?

Finalement guérie en 1888, loin de Breuer, Bertha deviendra une féministe très active, en guerre contre l'exploitation des femmes par les hommes.

---

1. L'expression est restée pour évoquer la vie que s'invente l'hystérique.

2. Catharsis vient de la tragédie grecque. Il désigne l'effet de purgation produit sur les spectateurs par la représentation de passions dont ils peuvent se libérer en imaginaire.

3. Cette méthode nous paraît aujourd'hui barbare. Freud minimisera sa propre pratique dans son autobiographie, écrite après la Première Guerre mondiale où elle est utilisée de manière sauvage.

Freud décide alors de faire le voyage à Nancy pour voir de près comment Liébault et Bernheim s'y prennent. En 1889, il emmène sur place une de ses patientes, « une hystérique fort distinguée, génialement douée, qui m'avait été abandonnée parce qu'on ne savait qu'en faire », raconte-t-il dans *Ma vie et la psychanalyse* (1925).

Dans l'article *Freud et l'école de Nancy*[1], Norbert Bon raconte que « l'hystérique génialement douée » se montre réfractaire au traitement hypnotique. « Il la visite, plusieurs fois par jour, chez elle, où il la traite pour des troubles divers et variés (douleurs oculaires, crampes, névralgies faciales, rhumatismes aigus, hallucinations...), en associant massages, bains chauds et médicaments à un traitement hypnotique. » Et il la met à l'isolement, méthode désormais courante pour éviter la contagion mimétique de l'hystérie. « Mais, pour lui apprendre généreusement comment, là où le corps souffre, il parle, Caecilie n'en est pas moins résistante au traitement. Les maîtres de Nancy ne feront pas mieux. »

L'article *Traitement psychique – traitement d'âme*, que Freud publie en 1890 dans un ouvrage de médecine populaire, donne un aperçu de ses observations de la cour des miracles qu'est la clinique de Bernheim à Nancy, où se presse le tout-venant de la souffrance. « L'attente croyante » du patient le met dans une position « d'obéissance crédule » vis-à-vis du médecin, comparable à celle « de l'enfant avec ses parents aimés ». Freud éprouve « une sourde révolte contre cette tyrannie de la suggestion », qui met tout le pouvoir du côté de Bernheim et ne fonctionne qu'un temps – renouveler le traitement « épuise généralement la patience et du malade et du médecin ».

1. *Revue lacanienne*, 2011/2.

Il repart de Nancy encore moins convaincu qu'il y était arrivé. Pour lui, la suggestion est plus efficace si l'on a d'abord laissé la patiente parler autour de son symptôme. C'est précisément ce que demandent ces hystériques : qu'on les laisse parler et non qu'on les fasse taire. Ce que va faire Freud... sans forcément les écouter *jusqu'au bout*.

7

L'hystérie féminine, mère et victime de la psychanalyse

À chaque époque *sa* maladie mentale. Dans la deuxième moitié du XIXe siècle, celui qui aurait raison de l'hystérie verrait sa postérité assurée. C'est le défi que se lance Freud, lorsqu'il rédige à 30 ans l'article « Hystérie » d'un dictionnaire collectif de médecine[1] : « Jusqu'alors, l'hystérie était la bête noire de la médecine ; les pauvres hystériques qui autrefois ont été exorcisées ou brûlées comme possédées tombèrent à l'époque éclairée dans la malédiction du ridicule ; considérés comme simulation et exagération, leurs états furent jugés indignes d'une observation clinique. » Or, « l'hystérie repose entièrement sur des modifications physiologiques du système nerveux, et sa nature devrait être exprimée par une formule qui tiendrait compte des rapports d'excitabilité des différentes parties du système nerveux. Une telle formule n'a pas encore été trouvée. »

Avec la sexualité et ses fantasmes, Freud va trouver le principe réunificateur au dualisme cerveau-appareil génital, science-occulte sur lequel butait la maladie hystérique. Sa psychanalyse va ainsi régner pendant un siècle, mais au prix d'un angle mort de taille : le traumatisme non fantasmé.

1. Dr Villaret (dir.), *Handwörterbuch der gesamten Medizin* (*Manuel de médecine entière*), Stuttgart, 1888 ; Disponible sur le site Cairn.info.

Le terreau viennois

La série autrichienne *Freud* (2018) restitue bien l'ambiance qui règne à Vienne dans les années 1880-1890, lorsque le jeune neurologue sans le sou, cocaïnomane et éloigné de sa fiancée, s'y installe. Dans un Empire austro-hongrois déliquescent, il rencontre un vieux soldat traumatisé par la guerre et victime de paralysies inexpliquées et une petite fille sexuellement abusée. La psychiatrie agit envers eux avec une violence et une hypocrisie qui poussent Freud à chercher d'autres méthodes. À la faveur de cette quête, il rencontre une jeune médium, qui l'entraîne à braver sa moralité sexuelle.

On retrouve là tous les ingrédients de fabrication de l'hystérie freudienne : fascination pour l'imaginaire féminin et le paranormal[1] ; risque pour le médecin de se faire embarquer par les patientes hystériques (qui amèneront Freud à cadrer la suggestion en organisant le *transfert* par le divan, la parole rare et la neutralité bienveillante)[2] ; et non-reconnaissance du lien entre l'hystérie et les traumatismes réels (accident, guerre, abus sexuel).

---

1. Voir par exemple le best-seller du psychologue suisse T. Flournoy, *Étude sur un cas de somnambulisme. Des Indes à la planète Mars. Le cas Hélène Smith* (Genève, 1900), L'Harmattan, 2006. Cette médium communique avec l'au-delà par l'intermédiaire de l'esprit de Cagliostro, et raconte son voyage sur Mars et ses vies antérieures de Marie-Antoinette ou de princesse indienne du Moyen Âge. L'enquête minutieuse de Flournoy conclut à l'absence de phénomène paranormal et à la puissance de l'imagination subliminale.

2. Dans l'*Introduction à la psychanalyse* (1925), Freud le reconnaît : « Si nous avons, dans notre technique, abandonné l'hypnose, ce fut pour découvrir de nouveau la suggestion sous la forme du transfert. »

L'impossibilité réaffirmée de l'hystérie masculine

On a vu comment Théroigne de Méricourt avait sombré dans l'hystérie après avoir été lynchée à la Convention en 1793. Elle n'était pas la seule traumatisée de la Révolution à avoir échoué à La Salpêtrière, où affluaient des malades présentant des symptômes hystériques que les aliénistes peinaient à catégoriser. Peut-être parce que ayant pris part aux événements ils en occultaient les effets traumatiques ? Il faut en tout cas attendre les accidents provoqués par les nouveaux moyens de transport (train, automobile) pour que le choc émotionnel soit étudié à part entière.

Pas forcément graves physiquement, ces accidents sont en effet souvent traumatisants psychologiquement, d'autant qu'ils soulignent les effets négatifs de la modernité. En Angleterre et en Allemagne, les compagnies d'assurances sont confrontées à des demandes d'indemnisation. En France, c'est l'Administration qui doit répondre de ses manquements aux usagers de la voirie. De nouveau, les médecins sont sollicités comme experts pour trancher entre la simulation et la maladie des victimes, qui ne sont plus des sorcières, des convulsionnaires, ou des vaporeuses, mais des personnes en pleine santé et « sans histoire », présentant soit des états dépressifs, soit des atteintes motrices ou sensitives de type hystérique.

Appelé pour évaluer ce type de patients, Charcot rapproche leurs symptômes de ceux obtenus par suggestion sur les hystériques hypnotisables. De là, il considère que la peur violente produit un état d'hypnose au cours duquel s'est produite une autosuggestion de mort imminente.

Dans un premier temps, le patient semble aller bien, mais passé une «phase d'incubation», l'idée autosuggérée éclate en symptômes hystériques. Cohérent avec sa doctrine, Charcot démontre que le patient était hystérique initialement, mais si ce point a été remis en cause depuis, son observation pose les bases de toute la clinique du PTSD (Post-Traumatic Syndrom Disorder ou syndrome post-traumatique), à partir de laquelle se réélabore aujourd'hui l'hystérie (voir deuxième partie).

Enthousiasmé par cette démonstration, Freud choisit de la reprendre pour la première grande conférence qu'il donne à Vienne le 15 octobre 1886, dans le cadre de la Société de médecine impériale. Six mois après l'ouverture de son cabinet, il peut espérer lancer sa carrière avec ce sujet brûlant : *Sur l'hystérie masculine chez l'homme*[1]. C'est l'inverse qui se passe : son intervention, rapportée par un jeune médecin inconnu de 24 ans nommé Arthur Schnitzler dans la prestigieuse *Wiener Medizinische Presse*, est mal reçue par le milieu médical, qui n'apprécie pas la référence à Charcot et refuse que les troubles nerveux issus des accidents de la vie soient reconnus hystériques – comme c'est pourtant déjà le cas en France et aux États-Unis.

Seul le professeur de psychiatrie Krafft-Ebing (1840-1902) se montre intéressé, mais lui-même fait scandale

1. Le patient, un métallurgiste de 29 ans, s'était querellé avec son frère, qui refusait de lui rembourser un prêt en le menaçant d'un couteau. Des premiers troubles fonctionnels étaient alors apparus, mais la maladie s'était vraiment déclenchée trois ans plus tard, lorsqu'une femme l'avait accusé de vol. Toute la partie gauche de son corps s'était paralysée, comme si on lui avait cogné violemment la tête du côté gauche.

avec son manuel sur les perversions sexuelles[1] qui, malgré des passages en latin et une introduction destinée à « décourager les profanes », connaît un succès retentissant. L'hystérie masculine a si mauvaise presse en Allemagne et en Autriche que le psychiatre allemand Hermann Oppenheim (1857-1919) va l'habiller du qualificatif de « névrose traumatique », déclenchant l'indignation de Charcot qui dénonce le mépris à l'égard de l'hystérie : « Passe encore qu'une femme ou qu'un homme efféminé présente des symptômes hystériques, mais qu'un robuste travailleur, un artisan vigoureux, non énervé par la culture, comme un chauffeur de locomotive par exemple, puissent, à la suite d'un accident, devenir hystériques au même titre qu'une femme, voilà, pense-t-on, qui dépasse l'imagination[2]. »

L'hystérie masculine est décidément un terrain miné où, comme à l'époque des sorcières, le médecin-expert n'a que des coups à prendre de la part d'institutions puissantes (en l'occurrence, ici, compagnies d'assurances et pouvoirs publics). Il est au contraire reçu comme chez lui par l'hystérie féminine : Freud va choisir son camp.

Prédisposition nerveuse et choc émotionnel

Dans son article « Hystérie » de 1888[3], Freud écrit en neurologue : ce qui fait la spécificité du « malade hystérique »,

1. *Psychopathia sexualis : étude médico-légale à l'usage des médecins et des juristes.*
2. Jean-Martin Charcot, cité par Étienne Trillat, *op. cit.*
3. *Ibid.*

c'est qu'il «fonctionne avec un surplus d'excitation[1] dans le système nerveux», provoquant une *névrose* dont le symptôme phare est l'*angoisse*. Soit ce surplus reste libre et il «se manifeste tantôt de façon inhibitrice, tantôt de façon irritante» (sous forme de mélancolie, neurasthénie, ou au contraire agitation); soit il se *décharge* sur un organe, qu'il rend malade : c'est l'*hystérie de conversion* de type paralysie, céphalée, boule dans la gorge, etc.[2].

Reprenant la «prédisposition à l'hystérie» relevée par Charcot[3], Freud en fait une pathologie sans âge ni sexe. «Les enfants hystériques sont en règle générale précoces et supérieurement doués; dans une série de cas, l'hystérie est uniquement un symptôme d'une dégénération profonde du système nerveux, qui se manifeste dans une perversion morale durable.» Il ajoute que la prédisposition à l'hystérie est transmissible... par la mère, notamment dans le cas de l'hystérie du garçon... et insiste sur l'importance de la prévention contre les «facteurs propres à faciliter le développement d'une disposition hystérique : l'éducation amollissante (l'hystérie chez des enfants uniques), l'éveil précoce de l'activité spirituelle chez les enfants, l'excitation violente et fréquente». On retrouve là les théories hygiénistes des médecins des Lumières, modernisées de «l'excitation violente et fréquente».

1. Chaque individu est doté d'une énergie psychique «de base», que Freud nommera libido lorsqu'il lui ajoutera une connotation sexuelle, encore appelée «pulsion de vie» dans ses travaux ultérieurs, qui lui opposera la pulsion de mort, active dans la compulsion de répétition des symptômes et dans la résistance à la guérison.

2. On sait aujourd'hui que les deux (surplus libre et fixation) peuvent cohabiter.

3. Décidément son maître. Le premier fils de Freud, né en 1889, sera prénommé Jean-Martin, comme Charcot.

Chez les adultes, Freud note que le traumatisme émotionnel « est fréquemment une cause d'affections hystériques :

– en réveillant une disposition héréditaire jusque-là inconnue, par un fort traumatisme corporel accompagné d'effroi et d'une sidération de la conscience[1],

– en faisant de la partie du corps concernée par le traumatisme le siège d'une hystérie locale ».

Soit le système nerveux a été pris de court par un événement dramatique (guerres, attentats, catastrophes naturelles, maladies brutales...), soit la valeur affective de l'événement a fait trauma. Sur ce dernier point, Freud note le rôle de la « vie génitale » dans l'hystérie, « à cause de l'importance psychique élevée de cette fonction, surtout chez le sexe féminin ». Il sera conforté dans cette idée en entendant ses patients et patientes rapporter des scènes vécues comme traumatisantes car ayant révélé la sexualité à un âge trop précoce.

L'hystérique, malade de son imaginaire sexuel plus que d'un traumatisme réel

C'est là que les ennuis commencent, car la bourgeoisie viennoise de la Belle Époque ne tolère pas d'autre sexualité que conjugale. Dans *Étiologie de l'hystérie*, parue en 1896, Freud condamne les « transgressions connues des débauchés et des impuissants qui mésusent des cavités

1. On retrouve là la notion d'état hypnoïde, qui décrit un état psychique décalé du réel, produit sous l'effet d'un choc émotionnel intense (Charcot) modifiant l'état de conscience (Janet). Et productible également par opiacé (cannabis, opium, morphine...).

buccales et du rectum à des fins sexuelles», et la masturbation est accusée de nombreux maux. Elle est sévèrement condamnée même si le «marteau de Granville», initialement machine relaxante inventée par un médecin anglais membre de l'Église épiscopale, Mortimer Granville, rencontre un grand succès comme vibromasseur[1].

Pris dans ce carcan, les couples n'hésitent plus à confier leurs secrets intimes à leur médecin, nombre d'entre eux s'essayant à la psychothérapie et à la sexologie armés de la prescription simple du gynécologue Rudolph Chrobak : *Penis normalis, dosim repetatur*[2]. Normal, c'est-à-dire pénétrant le vagin conjugal.

Freud s'y essaie à son tour et découvre, ébahi, les abus sexuels rapportés en pagaille par ses patients et patientes. Leurs troubles hystériques sont cohérents avec le «fort traumatisme corporel accompagné d'effroi...», à l'origine d'un «traumatisme émotionnel» : un véritable phénomène de masse que Freud appelle *Neurotica,* et qui lui permet d'affirmer que «c'est à la sexualité, source de traumatismes psychiques et facteur motivant du rejet et du refoulement de certaines représentations hors du conscient, qu'incombe, dans la pathologie de l'hystérie, un rôle prédominant[3]».

Il constate néanmoins que les patients sont sceptiques à donner à ce trauma sexuel révélé un rôle déterminant dans leur névrose. On connaît aujourd'hui ce réflexe protecteur de minimisation du trauma de la part des victimes, pour qui assumer est presque plus douloureux qu'avoir subi. Mais ni Freud ni ses patients n'ont cent ans de

1. Un film anglais a été tiré de son histoire en 2011 : *Oh my god.*
2. «Pénis normal, à doses régulières».
3. Freud, *Études sur l'hystérie*, 1895.

psychanalyse derrière eux, et leur époque ne reconnaît pas le rôle traumatisant de l'exposition précoce à la sexualité adulte. Nombre de patients rapportent avoir assisté enfants à des scènes « indignes » de la part des domestiques – censés avoir le monopole des travers sexuels. Qui peut se reconnaître névrosé *pour ça* ?

Freud finit par douter de la réalité de la *Neurotica*. Après tout, dans un cas présenté par Charcot[1], un homme hystérique victime d'un accident de la route y avait ajouté qu'une voiture lui était passée dessus alors qu'il n'en était rien : la capacité de l'hystérique à s'inventer une vie est connue, c'est l'effet même de sa maladie. Et Freud a déjà failli se brûler les ailes avec ce type d'hystérie, lors de sa conférence de 1886 sur « l'hystérie masculine ». Pourquoi ne pas suivre l'avis du neurologue suisse Paul-Charles Dubois (1848-1914), inventeur du mot *psychonévrose* : « L'hystérique est une comédienne, mais ne lui reprochons jamais, car elle ne sait pas qu'elle joue ; elle croit sincèrement à la réalité des situations[2]. »

En 1897, Freud renonce à croire que toutes les hystériques ont *réellement* subi un traumatisme sexuel[3]. Frayeur devant l'ampleur du désastre ? Réflexe inconscient de défense du patriarcat ? Souci de limiter le scandale pour imposer ses théories ? Échappatoire ou non à la réalité impensable de l'abus généralisé, la théorie de la *séduction* (de l'enfant par l'adulte) laisse la place à celle du *fantasme* de séduction, formé enfant par l'hystérique dans le cadre

1. Cas « Log ».

2. Paul-Charles Dubois, *Les Psychonévroses et leur traitement moral*, 1904.

3. Lettre à Fliess du 21 septembre 1897 : « Je ne crois plus à ma "Neurotica". »

du complexe d'Œdipe. Ce fantasme acquiert le statut de traumatisme psychique dans l'après-coup de l'adolescence et devient la «réalité psychique» de l'hystérique, comme Freud l'expose dans le «cas Dora» (1905). La malade est victime d'elle-même, de ses désirs interdits qu'elle projette sur l'adulte, plus que de l'adulte lui-même qui n'a pas nécessairement abusé d'elle.

Freud ne déviera plus de cette position, devenue une doxa reprise cent ans plus tard par l'enseignante de l'université Paris V où j'étudiais alors la psychologie : «L'hystérique se sent souvent comme la victime innocente des tentatives de séduction, tout en méconnaissant sa part active. Elle est l'enfant victime de l'agent séducteur, et refoule son excitation en se disant : ce n'est pas moi qui le désire, c'est lui qui me séduit. Ce mécanisme de défense préserve le sujet de son fantasme car il en ignore sa participation provocante[1].»

Bilan paradoxal : Freud a donné la parole aux hystériques, mais ce qu'elles avaient à dire n'était pas (encore) audible. Pire : en leur donnant un rôle actif dans leur histoire, il les a renforcées dans leur impasse d'affabulatrices, responsables voire coupables de leur trauma[2]. Si la théorie du fantasme est aujourd'hui la cible d'attaques virulentes,

1. Marion Perruchon, cours de psychopathologie adultes, université Paris V-Descartes, 2006.

2. En 2002, John Malkovich montait *Hysteria*, une pièce où il jouait Freud recevant une jeune fille (interprétée par Marie Gillain) pour des malaises. Elle lui révélait avoir été violée (par son père je crois), mais Freud mettait ce récit sur le compte du fantasme. Il en persuadait sa patiente – et nous avec – avant que finalement la preuve soit faite que la jeune fille avait réellement été violée. Elle retournait voir Freud pour une ultime séance, et lui lâchait son amertume.

c'est parce que la «réalité psychique» a trop recoupé la réalité de la perversion pour être encore recevable.

L'hystérique, une femme en manque de pénis ?

C'est à force d'entendre ses patients raconter que leur traumatisme sexuel remontait à l'enfance qu'est venue à Freud la version développementale-sexuelle du schéma névrotique, calqué sur les trois temps de l'hystérie repérés par Charcot (trauma-incubation-symptômes), mais articulé à sa grande découverte : le conflit psychosexuel qui se jouerait selon lui vers cinq ans entre le désir d'épouser le parent de sexe opposé (complexe d'Œdipe) et l'interdit (le Surmoi) qui lui est attaché, conflit provoquant une angoisse de castration : du petit garçon rêvant de posséder sa mère; de la petite fille rêvant d'avoir un enfant du père à défaut de pénis.

Ce schéma est exposé en 1905 dans les *Trois essais sur la théorie sexuelle* : un trauma psychique (en l'occurrence une scène de *séduction* subie avant 4-5 ans, à un âge où les images ne peuvent être traduites en mots); un délai d'incubation/refoulement (la *latence* entre 6 et 10 ans) dont le Surmoi sort trop ou pas assez sévère à cause du traumatisme de la petite enfance; une nouvelle scène (dans l'*après-coup* de l'adolescence, quand survient la génitalité) réactivant la première et déclenchant une névrose.

Cette conceptualisation, d'une puissante simplicité, est jusqu'à aujourd'hui un des piliers de la clinique, à un hic près : l'Œdipe féminin qui fait de la fille un garçon en «manque de pénis» (on parle bien de l'organe, pas du symbole). Contestée dès le départ, puis abondamment discutée dans des querelles d'entomologistes, cette proposition est aujourd'hui tournée en franche dérision. Elle reflète le phallocentrisme d'un médecin du XIXe siècle, héritier des sauveurs de sorcières et des thérapeutes de vaporeuses, mais aussi de Pinel libérant les femmes de leurs chaînes le jour et mettant lui-même les pieds sous la table le soir à la maison. Freud travaille à une époque où l'homme a le monopole de l'action dans la cité. Exploitée ou manipulatrice, la femme est amenée à projeter sur lui tous ses espoirs, bonheurs, déceptions et souffrances. Dans ses *Études sur l'hystérie* on trouve, outre Anna O. (voir encadré p. 72) : Emmy, veuve quadragénaire agitée (qui rappelle les hystériques brutalement privées de sexualité de Galien, à qui il prescrivait la masturbation) ; Lucy, 30 ans, gouvernante secrètement amoureuse de son patron veuf ; Katharina, 18 ans, probablement victime d'une tentative de viol de son oncle ; Élisabeth, honteuse de désirer sexuellement le mari de sa sœur. Pour résumer : frustration et effraction sexuelles sont les deux mamelles de l'hystérie, de fait (encore et toujours) féminine.

Du vivant même de Freud, de nombreux travaux ont exploré l'Œdipe féminin en mettant le phallique de côté pour se concentrer sur la relation à la mère avant l'Œdipe. La psychanalyste austro-anglaise Melanie Klein (1882-1960)[1] est ainsi à l'origine d'un vaste champ d'exploration de l'*archaïque*, qui donne à l'hystérie des racines beaucoup plus profondes, violentes et complexes que l'envie d'un enfant du père, en soulignant les difficultés de séparation-individuation de la fille d'avec sa mère, ses envies de meurtre et sa culpabilité à être. Ces théories, aussi innovantes

1. Voir le site officiel : https://melanie-klein-trust.org.uk/fr

et controversées à leur époque (1930-1950) que celles de Freud avant elles, sont aujourd'hui centrales dans la psychanalyse de l'hystérie[1]. Mais il faudra attendre longtemps pour qu'elles assoient leur légitimité.

*

Ce panorama historique s'achève donc avec Freud, dont le paradigme regroupant pathologie nerveuse (excitation), pathologie mentale (angoisse) et pathologie somatique (symptôme) sous l'égide du sexe va régner sans véritable partage pendant un siècle. Psychiatrie et neurologie se gardent bien de réveiller la bête de l'hystérie, dont Freud les a opportunément débarrassées dans une belle fidélité à Hippocrate – la sexualité féminine reste le problème.

La femme au foyer frustrée est au mieux envoyée chez le psy par son mari (ce qui est par exemple le cas dans la série *Mad Men*). Mai 68 ajoute à ce bovarysme l'hystérie MLF. Jacques Lacan provoque les « dames analystes » en affirmant qu'elles « n'ont pas fait avancer d'un bout la question de la sexualité féminine[2] ». En réalité, nombre d'entre elles ont remis en cause le phallocentrisme des théories freudiennes sur la sexualité féminine, mais aucune n'a traité de front l'hystérie. Objets d'étude, les femmes devaient-elles d'abord se renforcer comme sujets pour pouvoir s'attaquer à « leur » maladie ? La « belle indifférence » de l'hystérique à ses symptômes était-elle toujours d'actualité ?

---

1. *Cf.* deuxième partie.
2. Cité par Luce Irigaray, *Ce sexe qui n'en est pas un*, Éditions de Minuit, 1977.

C'est ainsi que, débutant en néophyte mes études de psychologie au milieu des années 2000, j'ai en tête l'image de l'hystérique : femme, chiante, souvent décrite comme mal baisée et/ou incapable d'assumer ses désirs (ce qui exonère l'homme de mal la baiser...), éventuellement homosexuelle hommasse si elle a tenté de s'en sortir.

Deuxième partie

L'HYSTÉRIE, LE TRAUMATISME ET LE FANTASME

En relisant mon cours d'orientation psychanalytique de licence de psychologie à Paris V (2006), je retrouve la description minutieuse qu'avait faite Charcot de l'hystérique : théâtralisme, suggestibilité, dépendance au désir d'autrui, tendances dépressives, somatisations... Cette figure forcément féminine n'avait-elle donc pas changé en un siècle ?

Je me rappelle mes interrogations secrètes de l'époque, en entendant la professeure expliquer la « participation provocante » de l'hystérique aux tentatives de séduction dont elle se sent « comme la victime innocente » : ne suis-je pas responsable des sollicitations dont je me plains ? Les types qui m'apostrophent dans la rue, ceux qui font que depuis mes 11 ans je baisse spontanément le regard dès que j'aperçois au loin un homme, ou pire un groupe d'hommes, que je vais devoir croiser : n'est-ce pas moi qui cherche à les exciter sans m'en apercevoir ? Les histoires de filles violées « parce qu'elles l'ont bien cherché », le risque des jupes trop courtes, du verre de trop, du mot en l'air... tout ça tournait dans ma tête (comme sans doute dans celles de pas mal d'étudiantes de l'amphithéâtre).

La professeure Marion Perruchon continuait : « L'hystérique attend du regard de l'autre le sentiment de son existence. Cette fragilité narcissique, cette dépendance au désir d'autrui sont à l'origine de tendances dépressives. »

De nouveau, je m'interrogeais : mon besoin de séduire faisait-il de moi une dépendante du désir d'autrui ? J'avais mené ma vie comme je l'entendais, payant plutôt pour mes excès d'indépendance. Et pourtant... Comme une majorité de femmes, mon corps me précède depuis l'adolescence, au point de m'avoir parfois effacée en tant qu'individu. C'est ainsi qu'on s'autoréduit au statut d'objet sans même s'en apercevoir.

La définition de l'hystérie semblait finalement simple : « un conflit entre amour et sexualité ». Je pensais à Marilyn Monroe, cherchant désespérément à se faire aimer à travers le sexe. Mais je perdais du coup le lien avec les somatisations à la Charcot. L'effort de Freud pour donner un sens aux symptômes m'évoquait le rocher de Sisyphe. Et si toute sa construction autour du fantasme hystérique n'avait servi qu'à retarder le moment où éclaterait une réalité non pas psychique mais bien réelle : celle des ravages de la domination des hommes sur les femmes, des adultes sur les enfants, des puissants sur les fragiles, en un mot des forts sur les faibles ?

En 2007, une thèse de médecine consacrée à l'hystérie se terminait sur ce constat : « La nature de l'hystérie est de refuser toute tentative de maîtrise. C'est une lutte de l'opprimé contre l'oppresseur, du féminin exacerbé contre la toute-puissance phallique, de la sexualité contre le carcan de la morale, du soldat contre l'inhumanité de la guerre, du patient contre son thérapeute[1]. » Dans cette optique, l'hystérie n'était plus une maladie mais une résistance au « normal » autoproclamé. Elle méritait respect, voire admiration.

Il faudrait encore attendre dix ans pour que #MeToo enfonce le clou du traumatisme non fantasmé. L'imaginaire hystérique était-il pour autant dompté ?

1. Marie Foll, *op. cit.*

1

Tout est dans la tête ? Oui et non

L'interprétation du symptôme : grandeur et déchéance

Pour Freud, toutes les névroses naissent sur le même mode : sous le choc émotionnel d'une scène (ou d'une idée) sexuelle traumatique, la *représentation* mentale de l'événement se sépare de l'*affect* qui lui est associé. C'est le phénomène de dissociation mentale[1].

Trop douloureuse, la représentation est *refoulée* dans l'*inconscient* où elle continue à agir, tandis que l'affect orphelin se transforme en symptôme corporel ou psychique (phobie, hypocondrie...) ou les deux (TOC, troubles alimentaires...), pouvant aller jusqu'à une distorsion de la personnalité.

Cette séparation affect-représentation départage la névrose de la psychose, dans laquelle le tout est refoulé, ce qui revient à nier la réalité, alors que dans la névrose le sujet sait que ce qui le gêne existe, même s'il l'occulte. C'est par là que va pouvoir agir le thérapeute, dont l'enjeu

1. Dans l'hystérie, la scène traumatique a été subie passivement, provoquant un choc émotionnel dissociatif. Dans la névrose obsessionnelle, la scène a été subie activement et a été source de plaisir, provoquant une culpabilité pathologique.

consiste à retrouver la représentation gênante, non par l'hypnose qui produit des images aveuglantes, mais par le travail d'*association* d'idées, qui recourt au langage.

Avec Freud, les symptômes gagnaient donc leurs lettres de noblesse. Instables, mutants, ils n'étaient plus l'ennemi à combattre mais les messagers de l'Inconscient, siégeant dans une partie du corps pas forcément traumatisée mais choisie pour son symbolisme[1]. À l'égal des rêves, ils indiquaient la piste à suivre pour retrouver la représentation refoulée, donc le trauma originel – Freud parlait de « remonter à la source du Nil ». De ridicules, leur valeur thérapeutique les rendait soudain passionnants. L'hystérique n'était plus un·e faible d'esprit mais un·e traumatisé·e psychique.

Parce que le symptôme est un indic mais aussi un agent double qui *défend* le sujet du retour de la représentation refoulée, *analyser* pas à pas se révèle l'antidote à la sidération. « Les symptômes hystériques disparaissaient immédiatement et sans retour, quand on réussissait à mettre en pleine lumière le souvenir de l'accident déclenchant, à éveiller l'affect lié à ce dernier, et quand, ensuite, le malade décrivait ce qui lui était arrivé de façon fort détaillée et en donnant à son émotion une expression verbale[2]. » Une fois la représentation recousue à l'affect, celui-ci laisse définitivement le corps tranquille.

La similitude de ce processus avec l'enquête criminelle – si on retrouve le mal initial, comme un enquêteur le criminel, on sera guéri – va s'avérer particulièrement féconde

1. L'insensibilité de certaines zones du corps s'expliquerait par la perte de représentation d'une zone du corps. La sorcière Michée Chaudron, dont un sein était insensible au test de l'aiguille, avait-elle été sexuellement violentée ?

2. Freud, *Études sur l'hystérie*, *op. cit.*

pour la littérature et le cinéma. Les histoires s'épaississent de secrets et non-dits, et le polar se « psychologise ».

De nombreux films d'Hitchcock illustrent sa fascination pour la psychanalyse qui se répand comme une traînée de poudre aux États-Unis dans les années 1950-1960. Parmi eux, *Pas de printemps pour Marnie* est un cas d'école d'hystérie : ayant assisté, jeune, à une scène choquante entre sa mère et un homme, Marnie est devenue frigide, cleptomane et elle a la phobie du rouge. En la confrontant sans concession à son passé, l'homme qui l'aime va la libérer de ses symptômes.

Cette vision un peu magique de la psychanalyse est très éloignée de sa pratique laborieuse, où le but (guérir) peut parfois passer après le chemin (interpréter). Reproche beaucoup adressé à la psychanalyse, auquel s'ajoute un autre : réveiller une représentation douloureuse en lui refusant le statut de réalité. Dans le cas de Marnie, son traumatisme est purement psychique. Qu'en serait-il si, par exemple, elle avait été violée ? Si son corps, et pas « seulement » son cerveau, avait été violenté ? On bute là sur le traumatisme « réel » dont Freud refuse d'entendre parler, et qui va finalement enfermer la psychanalyse sur elle-même – et les patients avec. Jusqu'à attaquer sa légitimité.

La névrose hystérique sortie des classifications psychiatriques internationales

Le Manuel diagnostique et statistique des troubles mentaux (DSM), publié pour la première fois en 1952 par l'American Psychiatric Association, est aujourd'hui la référence mondiale du diagnostic psychiatrique. Il répertorie l'ensemble des troubles mentaux, en associant à chacun une liste de symptômes, dont le médecin évaluateur doit cocher un nombre suffisant pour que le trouble du patient soit établi. Ses versions successives montrent comment la médecine va peu à peu jeter le bébé hystérique avec l'eau du bain psychanalytique.

L'édition de 1952 est fidèle aux théories freudiennes : *Psychonévroses*, Inconscient, mécanismes de défense psychologique, valeur symbolique du symptôme, qui sert « à atténuer l'anxiété consciente (ressentie) » et cache un « conflit mental sous-jacent ».

La version de 1968 ajoute (ou plutôt reprend) le rôle de la suggestion, et les notions de « belle indifférence » et de « bénéfices secondaires » des symptômes (gagner la sympathie ou soulager de responsabilités désagréables).

La « belle indifférence » de l'hystérique à ses symptômes, une construction commode

La « belle indifférence » hystérique est un concept introduit par Freud en français dans ses *Études sur l'hystérie* cosignées avec Breuer en 1895[1]. L'expression visait à décrire la sérénité qu'il observait chez les hystériques en dépit de symptômes invalidants. Cette sérénité, qui signe l'ampleur du refoulement, est effectivement parfois à l'œuvre, mais sa qualification de « belle » est ambiguë. Elle dénote en effet l'admiration du médecin qui l'observe, et sous-entend une sorte coquetterie de la patiente (toujours une femme) à refuser de se voir malade. Or, cette indifférence est défensive, presque fataliste. L'hystérique est gelée dans sa névrose au point

1. *Op. cit.*

de l'ignorer. Loin d'être « indifférente », elle refoule sa honte, à laquelle s'ajoute sa culpabilité. De ne pas être normale, de ne pas pouvoir avoir des relations normales, de ne pas prendre de plaisir normalement, de ne rien pouvoir y faire, de ne pas donner satisfaction à l'homme, etc.
L'indifférence de la femme hystérique à ses symptômes n'est ni belle ni séduisante. Au mieux (trop) polie.

La rupture a lieu en 1980 avec le DSM III, qui se veut athéorique et strictement symptomatique. Il supprime les termes de «psychonévrose» et d'«hystérie», et introduit les «troubles somatoformes», auxquels est associée une liste de 37 symptômes, parmi lesquels les «symptômes conversifs» : troubles de la déglutition, aphonie, trouble de la vision, de l'ouïe, malaises, pertes de connaissance, amnésie, convulsions, troubles de la marche, paralysies, troubles mictionnels.

On retrouve la valeur symbolique du symptôme, «qui est une représentation et une solution partielle du conflit psychologique sous-jacent», mais «le trouble de conversion est maintenant rarement rencontré. La plupart des cas sont observés dans les unités de neurologie ou d'orthopédie et dans les milieux militaires, en particulier en temps de guerre».

En 1994, le DSM IV achève de l'expulser vers «une affection neurologique ou une affection médicale générale». Ses symptômes sont «pseudoneurologiques» et «associés à des facteurs psychologiques». La symbolique d'un conflit psychologique inconscient disparaît. *Exit* la névrose, ne reste de l'hystérie que «l'hystérie épidémique». On ne l'entrevoit finalement qu'à travers les troubles de la personnalité, recensés dans l'axe II du DSM[1]. Et encore morcelée, car elle ressort à la fois de la personnalité « histrionique » (niveau émotionnel élevé et instable, besoin d'attention et de séduction exagéré envers les hommes et les femmes de tous âges), « narcissique » (mégalomanie, besoin d'admiration et absence d'empathie) et « dépendante » (psychologiquement à autrui).

À l'aube du XXIe siècle, la *névrose hystérique* est en état de mort psychiatrique. Le DSM V (2013), comme la dernière version de la Classification internationale des maladies (CIM-2018), va toujours plus loin dans sa réduction à sa manifestation somatique (donc à la pharmacologie). La conversion y est un « trouble neurologique fonctionnel », c'est-à-dire sans affection neurologique ou médicale reconnue, mais « entraînant une détresse ou une altération clinique significative dans le domaine du fonctionnement social, professionnel ou dans d'autres domaines importants ». Le tout avec éventuellement un facteur de stress psychologique associé.

Le DSM l'énonce clairement : « Les personnes présentant ces troubles se rencontrent principalement en soins primaires ou dans d'autres contextes médicaux, mais moins fréquemment en psychiatrie ou dans d'autres structures de santé mentale. » Autre manière de dire qu'elles n'ont rien à y faire.

Pourtant, ni les progrès des traitements psychotropes ni la relégation de la névrose hystérique au grenier de la psychanalyse n'ont fait disparaître la plus vieille maladie mentale des services censés la prendre en charge.

---

1. L'axe I concerne la pathologie mentale, quelle que soit la structure psychologique sous-jacente ; l'axe II, les profils de personnalité.

Pire : chaque fois que la psychiatrie a lâché l'hystérie, elle semble s'être autosabordée. Hier, les aliénistes du XIXe siècle, perdus dans la nosographie, étaient dépassés par leurs collègues neurologues. Aujourd'hui, l'obsession classificatrice du DSM, censé traquer au plus près les troubles pour leur associer les meilleures molécules, a transformé les psychiatres en prescripteurs (de médicaments, d'hospitalisation, d'enfermement). S'ils ont tous les outils pour gérer les symptômes hystériques, même gravissimes, ils redoutent toujours ses effets de contagion, inchangés depuis le couvent de *La Religieuse* de Diderot (voir première partie). Des schémas de séduction se mettent en place entre patient·e·s et/ou soignant·e·s, avec des effets de division sur le groupe (des soignants et des patientes), l'hystérique essayant d'accaparer l'attention. La tentation de la psychiatrie de déléguer l'hystérie à d'autres spécialités est donc forte.

Revenir au corps

Rejetée par la psychiatrie traditionnelle, étriquée par la psychanalyse, l'hystérie est allée vers les services qui écoutent le corps : neurologie, médecine interne ou gastroentérologie. Mais *a contrario* ces services ne traitent pas la psyché. La prise en charge globale des troubles de conduites alimentaires (symptôme corporel et trouble psychique) est ce qui se rapproche le plus du traitement optimal de l'hystérie; mais la clinique des TCA (troubles des conduites alimentaires) en montre précisément la difficulté : quand on est somaticien, on n'aime pas trop déléguer le corps à un psy; quand on a choisi d'être psy, on n'aime pas trop s'occuper de problèmes somatiques. C'est le constat auquel je suis arrivée à force d'entendre des patients relater des thérapies qui les avaient aidés sur un plan psychique sans rien changer à leurs symptômes comportementaux (dont il n'avait d'ailleurs parfois jamais été question) ; ou me détailler la liste des examens qui n'avaient rien éclairé sur leurs douleurs.

Comme toujours, l'hystérie glisse entre les mailles des filets. Ses symptômes définitivement trompeurs empêchent de se fier à eux pour prescrire la bonne molécule. Quant à la personnalité de l'hystérique, elle est tout simplement insaisissable, donc autant renoncer à la décrire. En 2013, le DSM-5 a supprimé la *personnalité histrionique* et la *personnalité dépendante* des « Troubles de la personnalité ». Que reste-t-il aux hystériques ? La personnalité bipolaire (pour la mélancolie) ? *Bordeline* (pour l'excès d'excitation) ? Narcissique (pour le besoin frénétique de séduire) ? Ou bien le « trouble de la personnalité autre », dont le grand flou pourrait convenir à tout et n'importe quoi ?

Le problème de l'hystérique reste entier : être pris dans la complexité de sa globalité... et de sa résistance. Ce que l'approche psychosomatique s'est efforcée de faire.

L'approche psychosomatique

Georg Groddeck (1866-1934), médecin et psychothérapeute allemand, est considéré comme le père de l'approche psychosomatique. En 1923, son *Livre du Ça* reprend sous forme fictionnelle sa correspondance avec Freud, dans laquelle il s'enthousiasme pour les prouesses de l'inconscient, appelé *Ça*. Pour lui, la distinction entre le corps et l'âme est « uniquement une distinction de mots et non d'essence ; le corps et l'esprit sont une entité qui héberge un Ça, une puissance par laquelle nous sommes vécus alors que nous pensons vivre[1] ». L'individu entier (et pas seulement un organe) étant concerné, l'hystérie est un trouble du comportement global.

Cette approche va se développer aux États-Unis[2], en lien avec le rôle des émotions dans le déclenchement de certaines maladies. En France, l'École de psychosomatique de Paris se développe dans les années 1950 autour de psychanalystes[3] qui créent, en 1972, l'Institut de psychosomatique de Paris (IPSO), toujours actif aujourd'hui. Pour eux, les patients qui « somatisent » en maladies aussi graves que l'asthme, l'ulcère, l'hypertension ou les maladies auto-immunes sont victimes d'une défaillance du mécanisme de refoulement. Ils sont restés dans un état psychique de petite enfance, imprégné de fantasmes qui n'ont pas été civilisés par l'interdit de l'Œdipe. Là où un individu en bonne santé éprouve de façon entremêlée des pulsions de vie et des pulsions de mort, ces malades sont envahis par les pulsions de destruction. Leur corps entier est pris en otage d'un déchaînement d'affects, comme pour tuer des « mauvaises pensées » littéralement irreprésentables. Ce fonctionnement psychique doit être traité en tant que tel – et non comme un facteur parmi d'autres (biologiques, infectieux, environnementaux...) de la maladie – car il peut tuer le patient. Tout le travail du thérapeute consistera à amener la psyché à prendre sa part de ce que le corps encaisse.

Les écrits de la psychanalyste néo-zélandaise Joyce

1. *Correspondance Ferenczi-Groddeck*, Payot, 1982.

2. Institut de psychanalyse de Chicago, fondé par le Hongrois Franz Alexander en 1931.

3. Pierre Marty, Michel Fain, Michel de M'Uzan...

MacDougall (1920-2011), qui a exercé à Paris et à New York, ont largement contribué à diffuser les théories de l'IPSO. Après avoir publié sur ce qu'on appelait dans les années 1970 la « sexualité perverse[1] », et critiqué la « normopathie », ou normativité pathologique, d'un certain nombre de psychanalystes face à l'émergence du mouvement LGBT américain[2], elle a approfondi la question de l'hystérie dans *Théâtre du Je*[3].

Reprenant la métaphore du « théâtre privé » imaginaire, sur lequel l'hystérique s'invente une vie, elle suggère dans ce passionnant recueil de cas que l'individu tout entier est son propre théâtre. Il n'est plus question d'un *back stage* secret, un peu honteux, mais d'un bâtiment abritant une troupe, avec ses membres plus ou moins oubliés ou trop présents, plus ou moins tyranniques ou timides, passifs ou impatients, tout l'enjeu des scénarios qui s'y déroulent étant d'offrir à l'Inconscient les mots pour se dire. Joyce MacDougall poursuivra cette métaphore dans tous ses travaux ultérieurs, mais c'est avec *Théâtre du corps*[4] qu'elle aborde spécifiquement les troubles psychosomatiques. Le corps y est le théâtre sur lequel le patient joue une pièce dont il ignore les ressorts dramatiques. Ce corps parle pour lui, dans un langage qu'il ne comprend pas. Contrairement à la névrose hystérique où une représentation traumatisante est refoulée, c'est ici la capacité de représentation tout entière qui est bloquée. « Les mots manquent pour dire l'angoisse et la souffrance ; seul le soma parle un

1. Ilse Barande et Robert Barande (dir.), *La Sexualité perverse : études psychanalytiques*, Payot, 1972.

2. Joyce MacDougall, *Plaidoyer pour une certaine anormalité*, Gallimard, 1978.

3. *Théâtre du Je*, Gallimard, 1984 ; Folio, 2004.

4. *Théâtre du corps*, Gallimard, 1989 ; Folio, 2003.

langage obscur, comme si les conflits lointains et les émotions étouffées de l'infans n'avaient jamais pu trouver leur lexique propre[1]. »

MacDougall expose le travail psychothérapeutique visant à tenter de « convertir » en représentations et en mots ce qui s'exprime sous forme de troubles divers (allant de l'insomnie persistante à l'AVC, en passant par les maladies auto-immunes). Il ne s'agit pas de « remonter à la source du Nil » pour retrouver la représentation refoulée, comme le faisait Freud, mais de découvrir qu'il y a un Nil, puis de le représenter, de le cartographier.

Cette vision originale de l'hystérie, bien que très stimulante, reste malheureusement assez confidentielle car elle pâtit à la fois de la perte d'influence de la psychanalyse, dont elle se revendique, et de sa marginalité au sein du mouvement psychanalytique. L'urgence des traitements à apporter à des maladies parfois gravissimes ne milite pas non plus en sa faveur, puisque le temps de psychanalyse est un temps long. Enfin, l'hystérie n'est pas spontanément associée à des « vraies » maladies, mais plutôt à un malêtre existentiel – d'ailleurs pas moins grave, comme le montre par exemple le destin tragique de Marilyn Monroe.

1. *Ibid.*

2

La séduction et la plainte, bouées de survie de femmes en mal d'existence

Deux histoires de vie – l'une célèbre, l'autre non – montrent l'impasse à laquelle conduisent les tentatives de prendre le symptôme hystérique dans l'étau d'une interprétation « intelligente ». Et l'extrême difficulté, pour le thérapeute, d'accepter son impuissance pour s'en tenir à l'écoute empathique dont l'hystérique a besoin, parfois tragiquement.

Marilyn Monroe, séduire à en mourir

Dans *Marilyn, dernières séances*[1], Michel Schneider reconstitue l'analyse – ou quelque chose censé s'appeler « analyse » – que la star suivit à Hollywood, de janvier 1960 jusqu'à sa mort en août 1962, avec le psychiatre Ralph Greenson, son troisième et ultime analyste. La plongée dans ces quelques mois au cours desquels Marilyn avait donné mission à Greenson de « l'aider à se lever, de l'aider à jouer au cinéma, de l'aider à aimer, de l'aider à ne pas mourir » donne un aperçu saisissant d'une thérapie dérivant en relation fusionnelle, avec pour issue la mort de Marilyn, légalement constatée par le psychiatre même qui était présumé la sauver. Entre croupir vingt ans en hôpital

1. Michel Schneider, *Marilyn, dernières séances*, Grasset, 2006.

psychiatrique, comme Théroigne de Méricourt[1] et mourir libre à 36 ans comme Marilyn, les destins des hystériques cataloguées nymphomanes n'étaient guère plus réjouissants en 1950 qu'en 1800.

L'hystérie et le star system : une rencontre tragique

En 1955, Marilyn est au sommet de sa gloire lorsqu'elle quitte Hollywood pour New York, décidée à devenir une *vraie* comédienne grâce aux cours de l'Actor's Studio. La méthode de cette célèbre école d'art dramatique fondée par Lee Strasberg consiste à aller chercher au plus profond de soi les émotions nécessaires à composer son personnage. Autrement dit, l'inverse de ce qui a fait d'elle une star : l'apparence, l'image, carapace bétonnée derrière laquelle a pu disparaître Norma Jean Baker, fille d'une mère schizophrène et d'un père incertain, qui a grandi de foyer en famille d'accueil, a été violée par son beau-père à 11 ans, s'est mariée à 16 ans pour être autonome (!), et a fait de son physique sa planche de salut, au prix d'une dissociation radicale avec ses ressentis intimes.

S'attaquant à cette dissociation en élève modèle, Marilyn suit le conseil de Lee Strasberg d'entamer une psychanalyse en complément de sa formation. À l'époque, tout Hollywood est plus ou moins *en cure* chez l'un des précurseurs de cette discipline prestigieuse, qui se pratique un peu à la façon d'une cure thermale : sur un temps court et de manière intensive[2]. À raison d'une séance par

1. Voir la première partie.

2. Les riches patients de Freud s'installaient à Vienne pour quelques mois, et venaient le voir une ou deux fois par jour, de cinq à sept jours par semaine.

jour, du lundi au vendredi, l'actrice va vite devenir addict. Sa dépendance pathologique à autrui entre en résonance avec la pratique dirigiste de la psychanalyse d'alors. Comme elle le fait déjà avec les époux Strasberg, elle appelle sa thérapeute sur les tournages, lui confie la négociation de contrats, la consulte pour tout, ne décide rien sans son aval. Elle lui laisse au passage des fortunes, dans une forme de gratitude mêlée du besoin que *sa* psy ne puisse pas se passer d'elle.

Mais ce n'est pas encore suffisant. Pour aller à la source du savoir, Marilyn part à Londres rencontrer Anna Freud. Au terme d'une semaine de séances quotidiennes, la fille du maître note : « Instabilité émotionnelle, impulsivité exagérée, besoin constant d'une approbation extérieure, ne supporte pas la solitude, tendance aux dépressions en cas de rejet, paranoïaque avec poussées de schizophrénie[1]. » Ces symptômes relevant de la *psychose*, il n'est pas question d'hystérie, que Freud a théorisée comme *névrose*[2].

Anna Freud adresse Marilyn à une psychanalyste (passée par le divan de Sigmund), qui habite le même immeuble que les Strasberg. L'actrice enchaîne ainsi directement une séance de psy avec une séance d'*acting*. Objectif : la ramener à ses traumatismes d'enfant et désactiver leur charge émotionnelle en les lui faisant jouer (elle n'en sera que meilleure). C'est la technique du *psychodrame* de Jacob Moreno[3], dont on sait aujourd'hui que la

1. Cité par Michel Schneider, *op. cit.*

2. Dans la psychose, le sujet perd contact avec la réalité ; dans la névrose, il souffre d'un conflit plus ou moins violent et destructeur entre désir et interdit.

3. Médecin roumain émigré aux États-Unis en 1925 pour fuir l'antisémitisme, Jacob Moreno est extérieur à l'orbite freudienne. Il est l'inventeur de la méthode cathartique par le théâtre et la créativité.

magie cathartique peut être fatale à certains patients, en cassant leur clivage protecteur entre monde imaginaire et réalité. Reconnecter Marilyn Monroe avec Norma Jean Baker, c'est la priver de sa carapace de simulation. La réalité de NJB tenait grâce au personnage MM (MeMe, précisait-elle) : sans lui, elle est renvoyée au néant.

Ses traumatismes retournés comme des cartes, Marilyn patauge dedans comme dans des sables mouvants. Sa psychanalyse est un tarot qui dit le passé sans éclairer l'avenir. Le réalisateur John Huston, qui s'intéresse à la question du trauma et des souvenirs enfouis depuis qu'il a tourné un documentaire sur les soldats revenus du front en 1946 (*Let There Be Light*, interdit car jugé insoutenable), la prévient[1] : « Tu es une pute, pas une actrice. Comme les vraies putes, les bonnes, tu ne fais pas semblant. Tu paies de ta personne, de ton corps, de ton âme. Mais tu sais que ce n'est pas toi, cette femme. Laisse ces foutaises d'"aller vers ton intérieur". Va à l'extérieur, c'est là que tu es. C'est là qu'est le spectateur. »

Marilyn note dans ses carnets qu'elle doit être le personnage angoissé, pas l'actrice qui angoisse... ce qu'elle devient précisément à mesure qu'elle s'éloigne du *paradoxe du comédien* de Diderot, selon lequel un comédien est d'autant meilleur qu'il est étranger à son rôle, et qui a fait de cette femme tourmentée une formidable joueuse d'idiotes. Donner son corps à la caméra la berçait d'amour ; vouloir lui donner son âme la vide d'elle-même. « Ton angoisse, garde-la, insiste Huston, c'est un ressort précieux. Ne va pas croire que ton analyse t'en libérera.

1. Dialogue imaginé par Michel Schneider, *op. cit.*

Ce n'est pas possible et il ne faut pas, de toute manière. Sans angoisse, dans ce métier, mieux vaut abandonner[1]. »

Le mari de Marilyn, Arthur Miller, qui l'a rattrapée d'une tentative de suicide, considère que la psychanalyse ne lui a rien apporté, sinon une obsession stérile et pénible pour les sens cachés – et un gouffre financier. Il tente de l'en éloigner, en vain. Elle fait deux fausses couches – rien ne permet de dire que la maternité l'aurait réparée, comme beaucoup l'ont laissé sous-entendre, inconsciemment imbibés du vieux remède à l'hystérie venu de l'Antiquité. Elle a une aventure avec Yves Montand. Miller s'en va. Il résumera la tragédie de sa femme en une formule : « La rencontre d'une pathologie individuelle et de l'appétit insatiable d'une culture de consommation capitaliste. » Il ajoutera : « Comment comprendre ce mystère ? Cette obscénité[2] ? »

Offre de sexe pour demande d'amour : au cœur du malentendu hystérique

Marilyn Monroe, c'est le paroxysme de l'hystérique qui cherche dans la sexualité d'adulte ce qu'elle n'a pas reçu de tendresse parentale, et ne peut qu'être renvoyée sans cesse à la carence originelle. Sur une bande magnétique qu'elle enregistre en 1962 à l'intention de Greenson, et qui ne sera retranscrite qu'en 2005, elle dit : « Le sexe, ça sert à être aimée. À croire qu'on l'est, en tout cas. À croire qu'on est tout court. À se perdre sans appartenir. À disparaître sans être tuée. » Aimer, c'est autre chose : « Aimer, c'est donner à quelqu'un le pouvoir de nous tuer. »

1. *Ibid.*
2. *Ibid.*

Sa terreur d'être abandonnée la rend infidèle. Son angoisse de solitude creuse sa solitude en mettant à mal toutes ses relations amoureuses ou amicales. Brigitte Bardot, qu'on a souvent comparé à Marilyn, décrit le donjuanisme hystérique dans ses mémoires[1] : elle quitte par peur d'être quittée, perdant au passage des hommes qu'elle aime, mais toujours moins que le prochain à séduire. Mais si BB a fait des tentatives de suicide, sa peur d'être quittée l'a finalement sauvée en lui faisant couper net avec le mirage d'amour du cinéma, qui risquait de ne pas aimer ses rides. Avait-elle en tête la tragédie de Marilyn ?

Séparée d'Arthur Miller, la star rentre à Los Angeles mais ne lâche pas la psychanalyse, qui semble être devenue un véritable pilier dans sa vie. Son analyste new-yorkaise l'a adressée à Ralph Greenson : il saisit rapidement la dissociation hystérique de Marilyn, qui n'a que la séduction pour exister. Il note dans ses carnets : « Elle se sent insignifiante, dénuée d'importance. En même temps, sexuellement insatisfaite, elle retire une fierté immense de sa propre apparence. Embellir son corps est pour elle le principal moyen d'acquérir une certaine stabilité et de donner un sens à sa vie[2]. »

Sa compulsion de nudité, chez elle ou devant l'objectif, est sa façon de s'assurer qu'elle est vivante. Son problème, c'est la parole. Son mari Miller l'avait encouragée à publier ses poèmes, mais prendre le risque de s'exprimer sans le renfort de son corps lui était impossible.

1. Brigitte Bardot, *Initiales BB*, Grasset, 1996.
2. Michel Schneider, *op. cit.*

Tout plutôt qu'être seule

Bien que souvent comparée à une enfant perdue, « Marilyn n'était pas une enfant, vraiment tout sauf une enfant », se souvient Natasha Lytess, sa première amante[1]. Ou bien une enfant qui aurait appris trop jeune la ruse face aux adultes. « Les enfants sont ouverts, naïfs, confiants. Marilyn était tordue. J'aimerais avoir le dixième de son intelligence et de son habileté en affaires. »
Les deux femmes se sont rencontrées alors que Marilyn était apprentie comédienne et Natasha actrice sans gloire. « J'avais besoin d'un modèle, pas d'une amante », a dit d'elle Marilyn. À quoi Natasha Lytess a répondu : « Ma vie et mes sentiments étaient entre ses mains. J'étais la plus âgée, le professeur, mais elle savait la profondeur de mon attachement, et elle l'a exploité comme seule peut le faire une jeune et belle personne. Elle a dit que c'était elle qui avait le plus besoin de l'autre. C'était l'inverse en réalité. » Sa méthode de survie consiste à être irrésistible pour rendre l'autre dépendant. Pas pour développer une relation, bonne ou mauvaise, mais pour être sûre de ne jamais être seule.
Par la suite, Marilyn rejette fortement l'homosexualité, qui est très mal vue par Hollywood et ne lui apporte aucun plaisir particulier. Car sa sexualité n'est pas déterminée par un désir amoureux mais par une carence pathologique de sentiment d'exister. Le corps de Marilyn peut coucher avec n'importe qui (homme ou femme, président des États-Unis ou chauffeur routier), n'importe quand, n'importe où, du moment qu'il est désiré.

1. Citations extraites de Michel Schneider, *Marylin, dernières séances*, *op. cit.*

La détresse comme moyen ultime de s'assurer la présence de l'autre

Ralph Greenson a été psychiatre dans l'armée en 1942. Il administre à Marilyn du Penthotal, comme on procède avec les névrosés de guerre pour les aider à se débarrasser de souvenirs traumatisants. Et après quelques séances à son cabinet, il lui propose de la recevoir chez lui, pour ne pas attirer l'attention du public. En plus de la voir presque tous les jours, comme pratiquait Freud, Greenson l'incite à lui téléphoner. Il annule des patients, l'écoute pendant parfois des heures, perd tout recul. Il l'admire et veut la sauver, mais ne la désire pas. Elle le fascine et le dégoûte en même temps. Il la considère comme un «patient écran», qui «recouvre la peine d'exister par une image de soi vivable», et veut l'entourer d'amour pour renforcer son Moi. Non seulement il sera le père qu'elle n'a pas eu, mais toute sa famille s'implique pour lui offrir le foyer chaleureux qui lui a tant manqué. La femme du psychanalyste retient parfois Marilyn à dormir. Les enfants de la maison deviennent ses amis. Les Greenson seront ceux qui réussiront là où tous ont échoué : guérir de ses démons la plus grande star de tous les temps. L'enfer est pavé de bonnes intentions... et d'orgueil.

La tentative de Greenson de remplacer une enfance traumatisante revient à effacer l'histoire de sa patiente : si lui ne peut pas regarder cette histoire en face, comment la principale intéressée peut-elle espérer la surmonter ? Avec des personnalités dépendantes comme Marilyn, on a vite fait de se sentir indispensable. Surestimer son rôle de thérapeute, c'est bien souvent sous-estimer sa propre peur d'être abandonné par son patient. Greenson juge Marilyn narcissique et perdue pour la psychanalyse, mais il est aussi perdu qu'elle. « Comme un noyé qui entraîne son sauveur au fond, elle attirait le thérapeute toujours plus vers le sombre, le bas, le vide. Elle s'offensait du moindre signe d'irritation de sa part et ne pouvait admettre l'idée d'une quelconque imperfection chez certaines personnes qu'elle idéalisait[1]. » Cette idéalisation faisant contrepoids à l'auto-dévalorisation, le couple hystérique-médecin est un tout où chacun dépend de l'autre pour entretenir l'idéal d'un monde sans souffrance : un éternel début d'histoire d'amour...

Quand l'hystérique borderline fait déraper son psy

Marilyn n'est pas, comme l'étaient les patientes de Freud, une bourgeoise hystérique étouffant dans la Vienne Belle Époque. Née à Los Angeles, elle a grandi sans cadre sécurisant et s'est juré d'avoir son nom sur le *Walk of Fame*. Elle a couché pour arriver, a divorcé de son premier mari, puis du deuxième qui voulait la protéger et l'avoir pour lui seul (Joe Di Maggio). Elle a épousé Arthur Miller, dont elle espérait la reconnaissance sans pouvoir recevoir son amour. Et elle a été trahie par des sales types (le photographe de jeunesse qui vendra des photos d'elle nue), abusée par des voyous (Sinatra) et maltraitée par des hommes de pouvoir (les Kennedy).

Marilyn est borderline comme vont l'être de plus en plus d'hystériques à mesure que la société survalorise la célébrité – donc le regard d'autrui. Avec elle, Greenson alterne entre gronder une ado désobéissante et céder à une malade (ce qui l'empêche de la sevrer du cocktail excitants-calmants). « Quand l'angoisse monte en elle, elle

1. *Ibid.*

se met à agir en enfant abandonnée, en masochiste qui provoque les autres et fait tout pour qu'ils la maltraitent et abusent d'elle[1]. » Après une hospitalisation à New York début 1961 et une nouvelle tentative de suicide, elle supplie Greenson de la reprendre. Il a toujours autant de mal à ne pas se laisser embarquer : « Elle dit que pour la première fois elle était impatiente de venir à Los Angeles, parce qu'elle pouvait me parler. Bien entendu, cela ne l'empêche pas d'annuler plusieurs séances pour aller à Palm Springs avec M. F. S. [Sinatra]. Elle me fait des infidélités comme avec un parent[2]. » Est-on infidèle à un parent ? (Ou à un psychiatre ?...)

Plus proche de nous, le film de Justine Triet *Sybil* (2019) montre une thérapeute et sa patiente comédienne. La première cède à l'emprise de la seconde, dont les tourments, miroir des siens, la font sortir de son cadre déontologique et lui inspirent un livre à succès. En retour, la comédienne se voit assurer une forme de postérité grâce à ce livre, alors que son art à elle est éphémère. Où l'on retrouve Charcot et Freud devenant célèbres grâce aux hystériques. Et Greenson, espérant se racheter une célébrité en publiant après la mort de Marilyn un livre de technique psychanalytique.

Prendre en charge la plainte hystérique en restant à bonne distance de sa séduction est un exercice de haut vol.

1. *Ibid.*
2. *Ibid.*

La plainte somatique de Mme K. : hystérie et masochisme

Pourquoi peut-on avoir à ce point *besoin* d'être malade ? J'ai beau connaître la réponse – c'est parfois la seule solution aux tourments psychiques –, cette question est revenue souvent au cours des cinq années où j'ai tenté d'aider Mme K. à trouver une solution un peu moins coûteuse à son mal-être que de prendre son corps en otage. Et où l'histoire de Greenson m'a accompagnée pour me rappeler l'importance de ma bonne distance avec sa plainte.

Mme K., la quarantaine, m'a été envoyée par le docteur D., médecin généraliste. Il me l'a décrite envahie de douleurs et maladies diverses, qu'on appelle psychosomatiques faute de leur trouver une cause organique. Il a essayé tous les traitements possibles, mais ce dont Mme K. a besoin, dit-il, c'est de parler.

La femme impeccable et ponctuelle que je reçois pour la première fois me dit en préambule qu'elle a déjà « vu quelqu'un pendant deux ans, sans que ça change rien ». La première séance est comme une scène de crime, tout y est : écoutons-la.

« J'ai des problèmes dermatologiques depuis l'adolescence. J'ai un stress intérieur depuis toujours. Une image de moi souffrante depuis toujours. Et plein de phobies. Je viens parce que le docteur D. m'a dit de venir, et que je ne vais pas bien, mais les psys ne servent à rien, je connais mes problèmes. J'absorbe toutes les émotions des autres, mon corps parle pour moi, etc. »

Mme K., qui travaille avec son mari et trouve ça pesant, dit qu'elle l'a épousé parce qu'elle voulait se marier et avoir des enfants. Elle ne l'aime pas mais pensait ne jamais trouver un homme qui s'intéresse à elle, et l'objectif était de partir de chez ses parents : «Je n'y avais pas de place», dit-elle, écrasée par une sœur aînée «envahissante» et ignorée par une mère «pas du tout maternelle et obsédée par l'apparence». De son père, elle dit qu'il est fusionnel avec ses enfants : «Il nous a tout donné. Quand ça ne va pas, c'est toujours lui que j'appelle, ça exaspère mon mari.»

Elle l'a rencontré à 25 ans, alors qu'elle avait à peine échangé «quelques bisous» avec un garçon. Très déprimée, elle se laisse emporter par sa cour assidue, s'installe avec lui, multiplie les crises d'angoisse et les zonas. Ils se marient, et quelques années plus tard, Mme K. met au monde des jumeaux : un garçon et une fille. Sa grossesse se passe «nickel, c'est là que je suis devenue une vraie femme». Mme K. ajoute : «Si je n'avais pas pu avoir d'enfants, je me serais flinguée. Mais une fois que je les ai eus, j'ai eu peur de les faire souffrir», ce qui s'est traduit par un zèle maternel sans faille. Ils ont aujourd'hui 15 ans, et vont très bien.

Son mari est le seul homme avec lequel elle a eu des relations sexuelles, bien qu'il ne lui ait «jamais plu physiquement» et qu'il puisse être violent. «Il hurle sur tout, c'est sa manière d'aimer. Je sais que je suis tout pour lui, et qu'il veut que j'aille bien, c'est pour ça qu'il est pour que je vienne vous voir. Mais moi ce que je voudrais, c'est un homme qui m'accepte comme je suis.» Après la naissance des enfants, Mme K. est tombée «folle amoureuse» d'un autre, «mais jamais je ne serais partie pour lui».

Relisant mes notes un peu plus tard, je récapitule quelques traits saillants :

— angoisse : troubles dermatologiques, phobies ;

— niveau émotionnel élevé, géré par beaucoup de contrôle ; mauvaise image de soi ; inhibition amoureuse et sexuelle ;

– le conjoint et les enfants comblent (insuffisamment) une probable carence maternelle et mettent (peu) à distance un père œdipien idéalisé ;

– besoin de mettre les soignants à l'épreuve en se présentant comme incurable.

La fixation hystérique sur une partie du corps

Dès le deuxième rendez-vous, et à tous les suivants pendant cinq ans hormis quelques brèves rémissions, la maladie s'impose comme sujet central de la thérapie, avec tout ce qu'elle draine : la douleur, la peur de mourir, l'impuissance des proches.

La maladie, ou plutôt la peur de la maladie, se focalise sur la peau, depuis le cuir chevelu (alopécies intermittentes), le visage (acné récurrente cachée par le maquillage) et la bouche (herpès, gencives inflammées, phobie des médicaments...) jusqu'aux pieds (verrues), en passant par les mains (eczéma), les bras (psoriasis), le tronc (urticaire), et un détour par l'appareil génital et l'anus (mycoses). À quoi s'ajoutent allergie générale au soleil et aux piqures d'insecte, et une focalisation sur les grains de beauté, surveillés comme le lait sur le feu à raison d'un rendez-vous mensuel chez divers spécialistes – aucun dermatologue ne lui a vraiment inspiré confiance sur le long terme.

Tout commence par une crise d'herpès buccal à l'adolescence, doublée d'un impétigo géant, que Mme K. attribue à sa mère. « Elle avait un bouton de fièvre, mon père lui avait pourtant dit de ne pas m'approcher. » Depuis, le moindre bisou non désiré, imprévu, ou de quelqu'un d'inconnu lui déclenche une inflammation : elle ne peut jamais être spontanée.

Ce fantasme de contamination serait-il la projection sur sa mère de son propre désir inconscient de la tuer ? Pour Mme K., avoir mal signifie être le Mal. Quand elle dit « je manque de confiance en moi », c'est un euphémisme. Ses bras sont « affreux », ses cheveux « clairsemés ». La défiance envers son corps se décline en défiance envers ses actes – elle a une voiture, mais le risque d'un accident l'empêche de conduire – et dans sa parole – « mes mots tuent ». Tout ce qui *l'exprime* est dangereux. « Tous mes problèmes viennent du manque d'amour de ma mère, mais je ne peux pas le lui dire, ça va la tuer. » Ne pouvant exprimer son agressivité, elle la retourne contre elle et vit dans la terreur de la maladie-punition.

L'hypocondrie hystérique : se faire aimer par la douleur

Derrière l'herpès et l'impétigo inauguraux se cache en réalité une problématique plus ancienne. «J'ai des problèmes somatiques depuis l'enfance. J'ai eu de l'eczéma très jeune... On ne naît pas comme ça ?» Le cancer est une angoisse omniprésente, qui lui fait sans arrêt répéter le même schéma : une douleur apparaît, un médecin prescrit un traitement qu'elle ne prend pas par phobie des médicaments. La douleur augmente, les examens exploratoires douloureux se multiplient («Je dois savoir pour mes enfants si je dois mourir»). La chirurgie est envisagée, déclenchant un conflit intense entre la *nécessité psychologique* de l'opération (retirer le mauvais en elle) et la peur de l'anesthésie (qui pourrait être fatale). L'opération est finalement décidée, sorte de scarification géante qui détourne de la souffrance morale, d'épreuve masochiste nécessaire à la survie psychique. Ablation de mélanomes « potentiellement malins » (elle ne compte plus les cicatrices), brûlure de verrues qui « pourraient être autre chose », prélèvement de scalp... Les biopsies ne montrent rien d'anormal : retour à la case départ.

La névrose résiste d'autant plus qu'elle a ses bénéfices secondaires : l'échec des soignants prouve que son cas – donc elle – est unique. Le corps malade se fait hyper séducteur du thérapeute : si tu arrives à me guérir, moi l'inguérissable, tu seras le roi/la reine du monde. C'est ce qui explique que tant d'esprits brillants se soient acharnés sur l'hystérie depuis deux siècles[1]. Aujourd'hui, l'hypocondrie est une forme d'autant plus résistante de l'hystérie que les techniques médicales (remboursées) offrent un champ d'investigation infini, sans véritable régulation. Le docteur D. le sait, qui ne prescrit plus rien. Ses relations avec Mme K. s'en ressentent. Elle lui préfère des spécialistes... mais revient toujours vers lui.

À ma question : « Vous avez l'impression de ne pas être reconnue dans votre souffrance ? », elle répond comme un cri du cœur : « Exactement, vous avez tout compris. » Sa solitude est immense, car aucun de ses proches ne l'aide. « Mon mari me provoque et me rabaisse pour me faire bouger, mais plus il m'agresse plus ça me braque. » À l'inverse, « ma sœur et ma mère s'en foutent de savoir comment je vais ». Quant aux amis, ils la prennent « pour une chieuse ».

La contagion hystérique entre générations : des terrains plus ou moins favorables

Dans la famille de Mme K., on communique par maladies interposées, avec une concurrence au symptôme.

1. Voir première partie.

«Ma mère ne s'occupe que de sa petite personne. Dès qu'elle a un pet de travers, c'est toute une histoire, alors qu'il y a des gens qui ont un cancer.» Cette mère est décrite comme «une grande nerveuse, hyper angoissée. Elle astique sa maison toute la journée, n'arrête pas de s'agiter. Elle ne peut pas rester seule, elle a toujours besoin d'être entourée. Mon père fait tout pour elle et elle ne l'aime pas». Soit Mme K. elle-même, se décrivant «hyper active sinon je déprime» (tout en ajoutant pour ne pas oublier la plainte : «Je fais tout à la maison, personne ne m'aide, je suis crevée»); expliquant qu'elle sort beaucoup mais que personne ne la comprend; et répétant à propos de son mari : «Je ne l'aime pas mais je ne peux pas me passer de lui.»

Elle s'étonne que son fils soit aussi angoissé qu'elle, alors qu'elle a fait «tout l'opposé» de sa mère, qui n'exprimait aucun sentiment. Mais c'est autrement que s'est jouée la transmission : par similitude de caractère et contagion mimétique. Mme K. a absorbé l'angoisse de sa mère, et son fils a absorbé son angoisse. Que Mme K. n'ait pas été assez aimée ou qu'elle ait trop aimé son fils, le résultat est le même.

D'ailleurs, sa fille évolue différemment. Moins éponge que son frère, plus indépendante, elle fait le mur, transgresse le cadre trop strict de ses parents. Mme K. l'espérait «complice» : elle vit sa prise d'autonomie comme une trahison, elle qui n'a «jamais lâché» sa mère. Presque malgré elle, elle n'aura pas transmis son hystérie à sa fille.

Le conflit œdipien au cœur de la névrose hystérique

Depuis que Mme K. connaît son mari, il assume seul le désir : «Il est collant, il a tout le temps envie de moi et je me débrouille pour le satisfaire de temps en temps, je me suis toujours forcée. Mais je ne pourrais pas vivre sans cette béquille. On est fusionnels. » Fusionnel, c'est le mot qu'elle a employé à propos de son père, dont l'image évolue à mesure des séances, de papa gâteau à *pater familias* brutal : « Il nous tapait avec une ceinture ; ma mère parlait à tort et à travers, et après elle disait que c'était pas grave. »

Ce mode de parentalité éclaire le type de lien (masochiste) que tisse Mme K. : avec son mari (qui hurle, la bouscule, la harcèle...), avec les soignants (qui la charcutent sans la guérir), avec ses proches (qui la prennent « pour une chieuse »). Face à cette pulsion morbide, on comprend qu'elle ait ressenti l'absolue nécessité de donner la vie. D'autant que la maternité lui a permis d'être la mère qu'elle n'a pas eue.

Son manque de mère explique son surinvestissement du père, dont elle est prête à tout supporter. Et le système s'est reproduit avec son mari : de lui elle encaisse tout puisqu'elle n'a pas de base arrière familiale rassurante. Sans lui, elle a l'impression de ne littéralement pas pouvoir exister.

En même temps, elle ne veut « pas mourir sans connaître l'amour », dit-elle. Je voudrais le même que mon mari, mais qui me plaise, que j'admirerais et qui me traiterait gentiment ». Soit le prince charmant sauvant Blanche-Neige d'un mort artificielle (le chirurgien sortant Mme K. guérie de l'anesthésie), mort causée par l'empoisonnement d'une femme maléfique (le baiser de l'herpès à 16 ans).

Le désir trop dangereux

Concrètement, elle décide de se décoller un peu de son mari en se lançant dans des activités sans lui, et se laisse draguer par un homme rencontré chez des amis. Son mari, la sentant différente, se met au régime et perd dix kilos. Elle réalise alors que « quel que soit son physique » elle ne pourra jamais l'aimer (« j'ai trop de rancœur »). L'ampleur du rejet qu'il lui inspire l'impressionne. Et le flirt ne donne rien, car Mme K. rêve de tout sauf de sexualité. D'un côté, elle aimerait connaître le désir (« ça m'ôterait mes problèmes de santé ») ; de l'autre, elle le dénigre (« Je rêve qu'un homme s'intéresse à moi et pas à mon décolleté »). La peur d'attraper une maladie (spécifiquement de l'herpès génital) est l'alibi ultime au renoncement : avoir une aventure « ça perturbe trop ».

Les appuis alternatifs féminins deviennent urgents. En quête de « confidente » Mme K. se rapproche de sa sœur à qui elle ne parlait plus, fait part pour la première fois de ses problèmes conjugaux à une amie, ajoute une séance hebdomadaire avec moi, m'emprunte un livre quand je m'absente... Malgré cela, elle est prise d'angoisses intenses (crises de panique, malaises, vertiges...) et de flambées somatiques. Si son mari s'éloigne d'un pouce, y compris à sa demande, elle panique. Quand il revient, il l'exaspère. Le conflit conjugal s'exacerbe, car l'angoisse de séparation est une terreur du même ordre que la mort, quand le Moi n'a pas pu s'autonomiser de la matrice dont il est issu, et qu'il est menacé de disparaître s'il s'en détache. *Une hystérique seule, ça n'existe pas.*

Le rôle de substitut maternel que jouent mutuellement les conjoints dans un couple fusionnel apparaît là dans toute son ampleur. Jusque-là, Mme K. vivait la sexualité conjugale en laissant son corps fonctionner en pilote automatique, passivement, mais *exister* la rend soudain présente à la sexualité : le corps de son mari lui est désormais insupportable. D'habitude docile, elle refuse désormais de coucher avec lui.

Masochisme hystérique et violences conjugales : la parole affirmée, et après ?

Son mari aux abois, Mme K. rapporte une scène très violente où il l'a quasiment violée. Un peu plus tard, elle raconte une nouvelle crise, cette fois en riant. Mais dès la séance suivante, elle lâche : « Mon mari ne me fait plus peur depuis que j'ai suivi le conseil du docteur D. de lui dire : "Tu me fais peur". Ça l'a secoué, après il était très abattu, mais moi ça m'a fait beaucoup de bien. »

Je la savais excédée par lui, mais je n'avais pas compris qu'elle le craignait. Le docteur D. n'a pas mes inhibitions mentales : parce que en tant qu'homme il ne connaît pas ce genre de peur ? Parce qu'il n'est pas déformé par la théorie du fantasme, qui vide cette peur de légitimité ? Nous étions avant #MeToo : aujourd'hui Mme K. parlerait peut-être plus facilement de violence conjugale et j'y serais sans doute plus réactive qu'à l'époque.

Ce début d'affirmation a en tout cas un effet miraculeux : deux semaines plus tard Mme K. me montre ses mains, dont l'eczéma a disparu. Comme ça, du jour au lendemain. La phobie des médicaments disparaît en même temps, et à un repas de famille elle peut même se laisser embrasser par sa mère. La reconnaissance qu'elle voue au docteur D. évolue en transfert amoureux, auquel le médecin oppose poliment une fin de non-recevoir. Elle est déçue mais contente d'avoir réussi à lui en parler. Constatant pour ma part l'efficacité qu'a eue sa parole, je suggère à Mme K. – qui répète que la thérapie ne sert à rien – un de mes confrères masculins. Sa réponse est glaciale : «Je ne comprends même pas ce que vous me dites. Je n'ose pas parler à un homme, et en plus il me draguerait, merci bien.» Et sans me laisser le temps de répondre sur l'éthique de mon confrère, elle ajoute : «Vous pouvez me brusquer, vous savez, me secouer.» Mais elle a déjà son mari pour ça, je ne vais pas devenir sadique pour entretenir son masochisme.

Désormais, Mme K. ne garde plus sous silence les insultes qu'elle essuie : «Poufiasse, connasse, ferme ta gueule, si t'es pas contente casse-toi.» Sa fille adolescente a elle aussi son lot, désormais : «Tu es une salope *comme ta mère.*» Mme K. est résolue à s'affirmer et à ce que son mari se fasse soigner. «Qui t'a mis ces idées dans la tête ?», hurle-t-il un soir, avant de menacer d'avaler le tube de Lexomil, puis finalement de s'effondrer : «J'ai compris que je t'ai perdue.»

Elle commente : «Je me sens plus forte, mais c'est lui, il ne me lâchera jamais.» Je lui dis que c'est à elle de ne pas le solliciter pour tout et rien comme si elle était handicapée. Elle suit mon conseil, et se fait traiter de sale putain. Elle conclut, épuisée des insultes : «Ça va bien finir par sortir au grand jour, ce qu'il me fait.» Je pense : Sans besoin que sa peau en témoigne.

Guérir de l'hystérie est-il bon pour le couple ?

La fin des problèmes dermatologiques de Mme K. se confirmant, elle se demande : «Comment je faisais pour vivre avec tout ça ? Je me croyais condamnée à ne jamais profiter de rien, alors qu'en fait j'étais obsédée par la moindre croûte, j'étais dans un cercle vicieux.» L'après-coup du changement est toujours émouvant.

Alors que s'achève la quatrième année de thérapie de Mme K., et que son mari a organisé un voyage familial de réconciliation, elle s'émerveille d'avoir pu passer deux semaines à se dorer au soleil, avec écran total mais sans inquiétude. De retour à Paris, elle part en week-end entre copines avec sa fille, sans son mari, et rentre éberluée d'avoir réussi à prendre le train, aller tard au ciné, rentrer à l'hôtel à pied à minuit, vivre à son rythme. Elle éprouve qu'on a moins peur au volant que sur le siège passager, mais l'autonomie entraperçue comme envisageable, Mme K. est soudain face à elle-même.

À l'angoisse succède la dépression : elle évoque « toutes ces années perdues à tourner en rond » après son manque d'amour. « Je sens que je change mais le jour où je n'aurai plus besoin de venir n'arrivera jamais », dit-elle... tout en espaçant les séances.

Elle d'habitude impeccable ne se maquille presque plus.

« Je n'ai aucune perspective, aucune carotte pour avancer. Je vais sur mes 50 ans, maintenant que les enfants sont grands, je peux mourir. »

Elle se replie sur sa douleur, seule continuité du Moi au milieu d'une crise de milieu de vie aiguë. « Je crois que si je n'avais plus mal nulle part, c'est que je ne ressentirais plus rien, dit-elle. Je ne vais pas changer mon tempérament, je ne suis pas douée pour le bonheur. »

Le docteur D. la met sous antidépresseur (qu'elle prend sans discuter), et alors qu'elle devait partir seule en vacances, elle part finalement avec son mari. Après vingt-trois ans de mariage, il lui avoue que son père maltraitait sa mère. Il ne la touche plus et s'est décidé à entamer une thérapie. « Je vais continuer jusqu'à ce qu'il se calme complètement, puisque de toute façon je n'imagine pas vivre seule. »

Elle : « Quand je pense à comment je souffre, parfois je me plains, et parfois je m'admire. »

Le masochisme ainsi sublimé, que deviendrait-il sans la colère du mari ? On ne sait jamais, quand on dit à son conjoint d'aller voir un psy et qu'il s'y lance, ce qu'il en sortira. En encourageant sa femme à se soigner, M. K. avait « perdu » l'hystérique qu'il connaissait, et qui exprimait la douleur pour deux. En s'autorisant à se plaindre à son tour, il entrait dans la concurrence du symptôme. L'hystérie était le socle de cette union de traumatisés, élevés dans la violence et l'insécurité affective.

3

De la maladie des femmes à la pathologie du traumatisme

À partir des années 1980, l'émergence des pathologies borderline, ou états-limites[1], remet en lumière les travaux du neurologue et psychanalyste hongrois Sandor Ferenczi (1873-1933) sur les addictions, qui vont avoir une influence décisive sur la vision de l'hystérie comme exclusivement féminine.

Cet élève et ami intime de Freud avait continué à défendre la réalité des scènes traumatisantes de « séductions » d'adulte, que le maître avait mis sur le compte de fantasmes, ce qui lui a valu la mise au ban de la communauté freudienne. Cinquante ans d'opprobre n'ont pas entamé la force de ses théories, et l'Histoire lui a finalement donné raison, d'abord grâce aux avancées des connaissances sur les névroses de guerre, puis avec la fin de la tolérance envers les abus sexuels (pédophilie ; #MeToo). À la tragédie de Marilyn Monroe ont également succédé d'autres histoires de célébrité très exposée écartelant la personne publique et l'individu (Michaël Jackson, Amy Winehouse...), et mettant la question du traumatisme infantile sur la place publique. En découvrant les

1. « Limites » au double sens de : à la limite entre la névrose (conflit entre désir et interdit) et la psychose (conflit entre le désir et la réalité), et de : à la limite des comportements socialement acceptés.

drames intimes de ses idoles, le grand public pouvait s'identifier et reconnaître ses propres douleurs.

La star écrasée par le système rejoignait ainsi le soldat traumatisé par la guerre et l'enfant abusé par l'adulte pour dire, à travers des symptômes hystériques gravissimes, la violence des rapports de domination, décuplée par la modernité. Comme Ferenczi l'avait souligné dès les années 1930, la vulnérabilité était désormais au cœur d'une pathologie dont les causes n'avaient plus grand-chose à voir avec les fantasmes honteux de femmes entravées.

La caractéristique de l'hystérie est le traumatisme psychique, pas le genre

C'est la Première Guerre mondiale qui va d'abord ouvrir une brèche dans la névrose hystérique (féminine) établie par Freud à peine vingt ans plus tôt – après, rappelons-le, son échec à faire reconnaître à ses pairs l'hystérie masculine. Les combats traumatisants transforment des soldats théoriquement robustes en hommes terrorisés, victimes de paralysies, catalepsies et dépressions. Soupçonnés de lâcheté, simulation, désertion... ils sont traduits devant les tribunaux militaires. Freud y est sollicité comme expert[1], alors que la foudre s'abat sur son collègue allemand Oppenheim, accusé avec sa « névrose traumatique[2] » de couvrir voire de justifier l'antinationalisme. Juif comme

1. Voir première partie, encadré p. 30 : « L'expertise médicale de l'hystérie : une lourde responsabilité ».
2. Voir p. 81.

lui, à une époque d'antisémitisme virulent assimilant les juifs à des anti-patriotes, Freud se montre d'une extrême prudence dans ses évaluations. Son propre gendre étant victime d'une « névrose de guerre » (expression plus noble que névrose traumatique), Freud étudie l'impact du conflit sur les rêves d'une part, et sur l'Œdipe des garçons privés de père d'autre part. De là, ses travaux bifurqueront vers la pulsion de mort, le narcissisme et le masochisme, s'éloignant du lien toujours brûlant entre traumatisme réel (c'est-à-dire non fantasmé sur un registre sexuel) et hystérie. Son plus proche élève et ami, Sandor Ferenczi, creuse au contraire cette piste.

La névrose de guerre, une hystérie à l'origine du syndrome de stress post-traumatique

La névrose de guerre a été amplement documentée depuis un siècle, à la faveur, si l'on peut dire, de la Seconde Guerre mondiale et des conflits qui l'ont suivie. Elle se reconnaît aujourd'hui sous l'acronyme de PTSD (Post-Traumatic Syndrom Disorder), officiellement entré en 1980 dans la classification internationale des maladies (DSM). Parmi les nombreuses fictions qui s'y sont intéressées, on peut mentionner la série israélienne : *When Heroes Fly* (2018). On y voit un soldat revenu de la guerre du Liban, traumatisé par la mort de son chef et ami, qui reprend d'abord sa vie normale, ses activités, sa vie de couple. Jusqu'au jour où un événement anodin provoque des réminiscences de la guerre. Il commence à avoir des tremblements, des hallucinations. Il devient agressif, rompt violemment avec sa fiancée, ne peut plus travailler. Des années plus tard, il est revenu habiter chez sa mère, pisse au lit et ne voit plus personne à part sa psy. C'est en partant à la recherche de sa fiancée, qu'il croyait morte, qu'il trouvera la rédemption. À l'occasion d'une expérience hallucinatoire, il se reconnectera au trauma originel : la mort de son père quand il était enfant.

Médecin militaire entre 1916 et 1918, Ferenczi a lui aussi traité des névroses de guerre. Comme Freud, il considère qu'à la base des symptômes hystériques se trouve un choc psychique infantile qui a provoqué une dissociation traumatique – « une rupture passagère avec la réalité, sous la forme d'hallucination négative (perte de conscience ou évanouissement, vertige...)[1] » – suivie d'une période d'incubation. Mais pour lui, le choc psychique est dû à un événement *réel* : et il fait trauma parce que l'individu était alors en situation de *vulnérabilité*[2].

Freud avait parlé de « prédisposition » à l'hystérie (une excitabilité de naissance, plutôt féminine) ; Ferenczi parle de *situations prédisposant* à l'hystérie : celles où le sujet est un enfant désarmé. Devenu adulte, toute situation le ramenant à cette posture (violences privées, guerres, attentats, catastrophes...) pourra provoquer des symptômes hystériques. N'importe qui étant potentiellement concerné, l'hystérie n'est donc plus la maladie des femmes mais un trouble psychique résultant d'un traumatisme.

---

1. S. Ferenczi, *Principe de relaxation et néocatharsis*, *Œuvres complètes*, Payot, 1990.
2. *Journal clinique, janvier-octobre 1932*, Payot, 2014.

La traumatologie au chevet de l'hystérie

Il y a quelques années, j'ai suivi simultanément deux femmes victimes de PTSD. La première, mère de famille heureuse d'une quarantaine d'années, avait subi trois deuils de proches en un an : elle ne s'en relevait pas, glissait dans la dépression, ne pouvait plus travailler ni s'occuper de ses enfants. Son mari, très inquiet, gérait la maison mais il était impuissant à l'aider psychologiquement. La seconde, un peu plus jeune et célibataire endurcie, avait retrouvé sa vieille tante sauvagement poignardée dans son lit par un SDF. Elle n'arrivait plus à sortir de chez elle, cauchemardait, somatisait, avait tout le temps l'impression d'être suivie dans la rue (bien que le criminel ait été rapidement arrêté et emprisonné).

Cette patiente avait bien réagi aux outils de la traumatologie – notamment la désensibilisation consistant à faire revivre mentalement l'événement, après relaxation[1]. Ses angoisses avaient diminué, les somatisations avec, elle avait pu aller au procès du meurtrier, qu'elle redoutait. Son enfance et sa vie n'avaient rien d'idéal, mais elle avait une bonne capacité à faire face aux coups durs. Elle se sentait très coupable de ne pas avoir protégé sa tante adorée, qui vivait seule. En même temps, elle acceptait que la liberté d'esprit de la vieille dame lui ait été fatale : le SDF avait été son ami, avant de passer à l'acte dans un moment délirant. Cette indépendance, qu'elle-même partageait, lui évitait de sombrer. Ses *symptômes hystériques* n'avaient pas duré.

1. *Cf.* S. Ferenczi, *Principe de relaxation et néocatharsis*, *op. cit.*

Avec la première patiente, en revanche, je m'étais sentie démunie. Séance après séance, ses larmes ne tarissaient pas, le deuil la terrassait. Cette femme avait toujours été très entourée, sa vie s'était déroulée sans encombre. Elle était restée une enfant protégée dans un cocon d'amour, et s'effondrait sans lui. Son monde s'écroulait, et ni la séduction ni la plainte ni la somatisation ne faisaient partie de son arsenal défensif : elle me rapportait en revanche des moments d'états seconds où ses morts lui parlaient. Elle entendait des voix, mais ça ne l'inquiétait que parce que ça inquiétait ses proches. Elle se demandait si dans le fond, elle n'était pas médium. Elle *devenait* hystérique.

Abus sexuel infantile : le lourd tribut payé à l'hystérie

Outre sa mission pendant la guerre, Ferenczi entend dans son cabinet de nombreux récits d'abus sexuels infantiles, rapportés indifféremment par des hommes et des femmes. Refusant d'y voir des fantasmes, il va s'attacher à décrire la vulnérabilité des enfants face à un adulte incestueux qui passe à l'acte : « Leur premier mouvement serait le refus, la haine, le dégoût, une résistance violente, une peur intense. Les enfants se sentent physiquement et moralement sans défense. La force et l'autorité écrasante de l'adulte les rendent muets et peuvent même leur faire perdre conscience. Mais cette peur, quand elle atteint son point culminant, les oblige à se soumettre automatiquement à la volonté de l'agresseur, à deviner le moindre de ses désirs, à obéir en se soumettant complètement et à s'identifier totalement à l'agresseur. Par identification, disons introjection de l'agresseur, celui-ci disparaît en tant que réalité extérieure et devient intrapsychique[1]. »

L'enfant auto-détruit ainsi une part de sa pensée pour que celle de l'adulte s'y installe : « La victime vide son esprit, à la fois pour échapper à l'expérience insupportable et pour pouvoir remplacer ses propres perceptions, ses pensées et même ses sentiments, par ceux que l'agresseur a besoin de susciter en lui. Pour survivre, la victime s'identifie – s'assimile virtuellement – à l'image que l'agresseur a de lui[2]. » C'est-à-dire une chose – effet caractéristique de la perversion.

Ce concept d'*identification à l'agresseur*, à l'origine du syndrome de Stockholm[3] où la victime prend fait et cause pour son bourreau, met en évidence l'articulation entre la vulnérabilité et l'abus pervers. Ce point est fondamental pour l'hystérie à plusieurs titres.

D'abord sur le plan des symptômes, le clivage entre le ressenti de l'enfant et la vérité décrétée par l'adulte se traduit très fréquemment par un surinvestissement hystérique du corps (attaques et/ou soin excessif, musculation...) et des troubles de sa perception (dysmorphophobie : le sujet maigre se voit énorme, globalement ou sur une partie du corps), accompagnés éventuellement d'un appauvrissement du pôle intellectuel (« l'idiotie » hystérique).

Ensuite sur le plan de la cause et du traitement : pour Ferenczi, l'hystérie due au complexe d'Œdipe n'est pas la

1. S. Ferenczi, *Confusion des langues, le langage de la tendresse et de la passion*, Payot, 1990.

2. J. Frankel, « La découverte impardonnable de Ferenczi », *Le Coq-héron*, n° 174, 2003/3.

3. Psychiatre suédois, Nils Bejerot est à l'origine de l'expression, en 1973.

« faute » de l'enfant pervers polymorphe persistant dans l'adulte : elle résulte d'une négation de son Moi dans l'enfance. L'hystérique n'est donc plus « responsable » de sa maladie mais victime, et tant que ce statut ne lui est pas reconnu, la culpabilité bloque toute possibilité de guérison (voir chapitre suivant).

Enfin, cette description du traumatisme psychique et de ses conséquences enterre l'idée d'une hystérie qui serait propre à la constitution féminine (utérus, nerfs ou incapacité à gérer les émotions), au profit d'une maladie de la *condition* féminine. L'hystérie a en effet été assignée aux femmes parce qu'elles ont été historiquement placées en position d'enfants face à la toute-puissance masculine. Le fait que le combat contre les abus sexuels ait été initié dans les années 1980 par les féministes et les associations de défense des enfants ajoute à la confusion. Mais la révélation des scandales pédophiles dans l'Église, et la levée progressive du tabou des viols de garçons[1] a balayé l'idée que seules les filles seraient concernées. Le traumatisme de l'abus sexuel produit, entre autres, de l'hystérie sans distinction de genre.

Ce qui fait trauma, c'est l'insécurité précoce et « l'abandon émotionnel »

« Ferenczi pensait que les enfants peuvent faire face pratiquement à n'importe quelle expérience tant qu'il y a quelqu'un avec qui partager leur peur et leur souffrance. Mais lorsque même l'autre parent tourne le dos à l'enfant,

1. Voir notamment *La Familia grande*, de Camille Kouchner, Le Seuil, 2021.

qu'il insiste sur l'existence d'une réalité contredisant ses perceptions, alors l'enfant se retrouve insupportablement seul avec son vécu traumatique[1]. » L'abus est toujours une partie à trois : un adulte abuseur (parent, beau-parent, ami·e de la famille ou extérieur·e à elle), un individu en situation infantile, et un autre adulte assurant le huis clos, soit en gardant la porte fermée sur l'abus, soit en l'ignorant. L'abuseur·se a besoin d'au moins un·e complice. On pense à la petite fille pré-mariée par son père sans que sa mère s'interpose, soit parce qu'elle-même a vécu la même chose et ne s'en estime pas si mal sortie, soit parce qu'elle n'ose pas s'interposer. Ou, version « industrielle », au couple Fourniret : l'enfant était séduit par la femme pour être livré à son mari, elle-même étant ensuite garante du bon déroulement du sacrifice.

Pour Ferenczi, l'élément clé produisant des dommages durables est la « solitude traumatique » dans un moment de détresse, l'« abandon émotionnel » par l'autre parent ou l'entourage (passivement) complices. C'est par exemple le fils de Bernard Kouchner abusé par son beau-père socialement intouchable, tandis que sa mère partait à la dérive et que son père était loin.

Tout au fond de lui, l'enfant sait ce qu'il a vécu, mais pour ne pas perdre l'amour de ceux qui ne le croient (ou ne le croiraient) pas, il s'interdit de le savoir. Il devient ce que ses adultes référents ont besoin qu'il soit, car il est trop dépendant d'eux, matériellement et affectivement, pour mettre en danger leur relation. C'est ce qu'ont vécu nombre d'enfants abusés par des prêtres, que leurs parents respectaient trop.

---

1. Jay Frankel, « La découverte impardonnable de Ferenczi », *op. cit.*

Isolement et dépendance : une vulnérabilité propice

Le discours pro-pédophile des années 1970 assurait que non seulement le pédophile ne cherchait pas à détruire l'enfant, mais qu'il aspirait au contraire à le libérer, à l'épanouir en l'autorisant à donner cours à ses pulsions. Occultant la vulnérabilité de l'enfant, il ne faisait en réalité que libérer l'adulte prédateur, en remplaçant l'emprise des parents par la sienne. *Lolita*, le chef-d'œuvre de Nabokov publié en 1955, l'avait pourtant magistralement démontré : *Lolita* était une enfant, avant d'être une femme, et c'est précisément ce qui plaisait à son beau-père abusif.

Dans une interview de Françoise Dolto de 1979, la célèbre pédopsychanalyste affirmait : « Il n'y a pas de viol du tout, elles sont consentantes. » Selon elle, la fille violée par son père « a simplement compris que son père l'aimait et qu'il se consolait avec elle parce que sa femme ne voulait pas faire l'amour avec lui », et qu'il « suffit que la fille refuse de coucher avec lui en disant que cela ne se fait pas, pour qu'il la laisse tranquille ». Elle précise même qu'il n'insistera pas, « parce qu'il sait que l'enfant sait que c'est défendu », et qu'il a « tout de même peur que sa fille en parle ». La psychanalyste Claude Halmos commente sobrement : « François Dolto a démontré que l'enfant n'est pas, par rapport à l'adulte, un "sous-être", mais elle en déduit à tort qu'il a la capacité de résister à l'adulte qui le maltraite[1]. »

Je me souviens d'une fille de ma classe de 3e, qui était partie vivre chez Jean-Hedern Hallier, alors âgé de 45 ans (on est en 1980, nous avions 15 ans) et avait cessé de venir

1. *Le Monde*, 17 janvier 2020.

au collège. Sa mère, qui l'élevait seule, avait porté plainte pour détournement de mineure, mais cet homme était une star des médias, on ne pouvait rien contre lui. À l'époque, je me disais que j'aurais donné très cher pour m'enfuir de chez ma mère, elle aussi seule, mais je sentais que quelque chose ne collait pas dans le récit de vie de princesse que cette fille nous avait fait, un jour où elle était exceptionnellement venue en cours : derrière sa fierté d'être une femme, alors que nous étions encore des ados, il y avait une tristesse que je ne comprenais pas.

L'histoire est toujours la même : une jeune fille est grisée de se sentir soudain aimée et gratifiée comme son père (et peut-être sa mère) ne l'a ni gratifiée ni aimée. Elle croit battre sa mère sur le terrain de la séduction, et se retrouve dans les bras de prédateurs. L'horreur du manque d'amour fait faire bien des choses masochistes, comme préférer l'abus (viol compris) à l'abandon.

Pour illustrer cette vulnérabilité existentielle, la psychanalyste, Jeanne Defontaine[1] évoque le jeu japonais du Tamagushi, petit compagnon électronique dont il faut prendre soin comme d'un nourrisson, car il ne possède pas en lui-même la capacité de survivre. Il est donc à la merci de son propriétaire, comme la proie sous l'emprise du prédateur.

Celui-ci a donné une existence à sa victime en lui faisant croire qu'elle est unique, que leur aventure est exceptionnelle, qu'ils partagent un secret que personne ne peut comprendre. Ce dont il est d'ailleurs lui-même convaincu sur le moment. Puis vient le jour où l'unique se rend compte qu'elle ne l'est pas. Le jour de la trahison, qui

1. Jeanne Defontaine, *Dérives perverses dans le couple et blessures d'enfance*, L'Harmattan, 2019.

rejoue l'abandon parental. La carence, un instant comblée, devient béance mortelle.

La confusion des registres de l'adulte et de l'enfant tord la personnalité

Pour revenir à lui après le « choc » traumatique et la coupure temporaire avec la réalité, l'individu encapsule l'événement traumatisant quelque part dans sa tête et coupe sa personnalité entre celui qui sait et celui qui vit au jour le jour, dont le corps grandit. Devenu à son tour adulte, il s'est adapté au monde « normal », mais continue à jouer dans ses relations affectives le rôle qui lui a permis enfant de garder l'amour vital de l'adulte. Dans la série danoise *Borgen* (2010), Kasper, un jeune conseiller politique brillant, a été abusé par son père durant toute son enfance, en l'absence de sa mère qu'on devine ayant fermé les yeux sur ce qui se passait. Ses relations amoureuses et sa vie professionnelle sont entravées par ce trauma : il s'invente un passé, et n'arrive à faire confiance ni à inspirer confiance à personne. Ses méthodes tordues lui coûtent finalement son job et son couple. La psychanalyste Helen Deutsch a parlé, à propos de ce genre de suradaptation vouée à l'échec, de personnalité *as if*, « comme si » (tout allait bien). Le sujet ne fait pas semblant : sa personnalité s'est dédoublée, évoquant la « belle indifférence » (voir encadré p. 98) de l'hystérique à ses symptômes. Dans les années 1950, Winnicott a proposé une variante avec le concept de *faux self*, décrivant un *faux soi* de façade protégeant un Moi fragile de l'effondrement. Car derrière la façade, c'est le gouffre.

Dans *Confusion des langues, le langage de la tendresse et de la passion* (1933), Ferenczi décrit l'origine infantile du trouble de la personnalité qu'on peut voir à l'œuvre chez Marilyn Monroe : toute petite, elle a dû se montrer agréable, séduisante aux adultes qui voulaient bien s'occuper d'elle (comme un bébé fait des sourires), et son viol à l'adolescence est comme la conséquence de cette demande d'amour inadaptée, doublée de l'absence d'adulte pour la protéger. Le besoin vital de plaire l'a « tordue », comme dit son ex-amante. Il est devenu une addiction à plaire à tout le monde, avec un envers de solitude absolue, d'où une alternance de surexcitation et de plongée dépressive, qui évoque les troubles bipolaires auxquelles sont aujourd'hui souvent ramenés les hystériques. Troubles sur lesquels prolifèrent les addictions.

Hystérie et addictions : la dépression sous-jacente

Ferenczi, à qui on envoyait les cas le plus difficiles, a vécu comme clinicien la bascule de l'hystérie du XIXe siècle vers une hystérie plus brutale, moins bourgeoise, marquée par l'entrée violente dans la modernité qu'avait représentée la Première Guerre mondiale. L'insécurité et la carence narcissique y étaient au premier plan tandis que les interdits névrotiques étaient balayés par la démesure des dictateurs, des milliardaires ou des stars[1].

1. Freud s'était demandé ce qui sortirait de la levée du refoulement... Mort en 1939, il n'aura pas vraiment eu le temps d'en prendre la mesure.

Ses analyses rendent compte des phénomènes de masse de la modernité : guerres mondiales, capitalisme broyant les faibles, société de consommation tyrannisant la ménagère de moins de 50 ans, enfants stars, médias omniprésents... Chair à canon, à usine, à commerce ou à divertissement, le corps hystérique exprime comme toujours sa résistance au broyage et ses symptômes collent à son époque.

C'est ainsi qu'aujourd'hui, la prolifération des drogues de toute nature la concerne au premier chef, car toute drogue donne l'illusion de l'autosuffisance – ce qui manque précisément à l'hystérique. La clinique des addictions a été initiée par Ferenczi, qui a eu par ailleurs l'intuition de ce que serait l'hystérie moderne : ce n'est pas une coïncidence. Mon expérience clinique en addictologie m'a en effet montré que le produit d'addiction, quel qu'il soit (alcool, nicotine, cocaïne, alimentation, jeu, porno, cannabis...), a pour fonction de colmater une dépression souvent massive : en ouvrant une parenthèse dans les soucis ; en désinhibant ; en donnant l'impression que tout est ouvert et possible ; en permettant de « se lâcher » et d'oublier. En offrant, pour un temps, un autre Moi : plus fort, plus intelligent, plus libre... avant que la redescente ne renvoie à la banalité du quotidien et aux multiples difficultés de la vie, petites ou grandes... et que le vide existentiel ne devienne insupportable, poussant à consommer de nouveau.

La dépendance au produit semble préserver de la dépendance affective, dont souffre l'hystérique. Or non seulement elle ne préserve de rien, mais elle ne fait qu'aggraver le mal puisque le produit « pollue » les relations (amoureuses, amicales, familiales, professionnelles). On revient à la notion ferenczienne de situations prédisposant à l'hystérie : l'exigence de performance, l'évaluation permanente, l'obligation de « donner un sens » à sa vie et à tout ce qu'on fait sont les ingrédients d'une situation générale prédisposant à l'hystérie. La dépression hystérique pourrait se résumer en une tentative désespérée de se conformer à ce que la société attend, désespérée puisque l'objectif est sans fin. Un activisme mal orienté, qui subit plus qu'il n'a la main et concerne les hommes autant que les femmes. Et que trouve-t-on derrière ces injonctions, sinon la nécessité de faire tourner la machine capitaliste ?

Contre les grands pervers qui vous tiennent par leurs produits addictifs, hystériques de tous les pays unissez-vous !

4

Parole hystérique contre abus pervers

«Il nous a fallu croire en la réalité des monstres» : c'est par ces mots que deux psychiatres-psychanalystes-sexologues suisses, Maurice Hurni et Giovanna Stoll, ouvraient en 1996 leur ouvrage-référence sur la perversion : *La Haine de l'amour*[1]. Le psychiatre Paul-Claude Racamier (1924-1996), à qui on doit le concept si dévoyé depuis de «pervers narcissique», écrivait alors en préface : «Si la perversion relationnelle est encore si peu connue et si mal reconnue, c'est parce que la perversion soulève l'effroi et même la répulsion. [...] Rien n'est plus facile, par-devant les agissements de nature perverse, que d'en contester l'existence : “Ça n'est pas vrai, ça n'est pas possible.” Tantôt l'on s'écrie que les sujets décrits sont par trop repoussants pour mériter qu'on s'y intéresse; tantôt l'on insinue que les auteurs sont eux-mêmes bien douteux pour s'intéresser à la perversion.»

Freud, bien que lucide («il me paraît certain que nos enfants sont exposés aux agressions sexuelles beaucoup plus souvent qu'on ne s'y attendrait[2]»), a contribué à étouffer l'étude de la perversion («Les scènes sexuelles

1. Maurice Hurni et Giovanna Stoll, *La Haine de l'amour. La perversion du lien*, L'Harmattan, 1996.

2. In *Névrose, psychose et perversion*, PUF, 1973.

infantiles sont évidemment difficiles à admettre pour la sensibilité d'un homme normal »), en reléguant les abuseurs à des « débauchés et des impuissants, qui mésusent des cavités buccales et du rectum à des fins sexuelles ».

La « clinique des monstres » a néanmoins fait passer l'hystérie au XXIe siècle en faisant loupe sur le rôle de la perversion dans les causes de cette pathologie. Cette reconnaissance renvoie le stéréotype de la femme affabulatrice au domaine de... l'affabulation, mais le combat n'est pas terminé. On peut y voir une forme d'hystérie collective ; ou une revanche historique de l'hystérie.

Abus et présomption de mensonge : la double peine

Ferenczi écrit en 1931 dans *Analyse d'enfants avec les adultes* : « Le pire, c'est vraiment le désaveu, l'affirmation qu'il ne s'est rien passé, qu'on n'a pas eu mal, ou même être battu ou grondé lorsque se manifeste la paralysie traumatique de la pensée ou des mouvements ; c'est cela surtout qui rend le traumatisme pathogène. »

On retrouve quasi mot pour mot le même propos dans la bouche de Guillaume Denoix de Saint-Marc, président de l'Association française des victimes de terrorisme, au sujet des attentats de janvier 2015 : « Le pire, dans les plaidoiries des avocats de la défense, ce n'est pas de dire la part d'humanité d'un terroriste, c'est le soupçon de simulation. Parler de fausses victimes[1]. »

Idem bien sûr avec le viol et plus largement le débat des violences faites aux femmes, dont on retiendra ici une

1. « Les matins », France Inter, 26 août 2020.

autre polémique de mars 2020 : à la suite d'une tribune d'avocates pénalistes défendant la présomption d'innocence et la prescription, un collectif avait répondu par une autre tribune sur la « présomption permanente de mensonge » à propos des violences faites aux femmes. Le pervers narcissique partage aujourd'hui la caricature avec l'hystérique menteuse, mais lui faire partager la charge de la vérité semble encore bien compliqué.

La fiction la plus pédagogue sur ce sujet est *Unbelievable* (Netflix, 2019), qui démonte le mécanisme rendant *incroyable* la parole d'une femme-enfant victime d'un serial violeur. Elle finit par s'auto-accuser à force de ne pas être crue. On pense à Nafissatou Diallo, s'emmêlant dans ses réponses, interrogatoire après interrogatoire, jusqu'à rendre sa plainte irrecevable, tandis que DSK n'est jamais interrogé (*Chambre 2806 : l'affaire DSK*, Netflix 2020). La présomption d'innocence du présumé coupable est respectée ; pas celle de la présumée victime, présumée menteuse.

Car le traumatisme contient en soi les germes de ce désaveu-double peine, pour deux raisons : la rupture temporaire (et parfois persistante) avec la réalité, provoquée par le choc psychique, qui fait douter la victime de ce qui s'est *réellement* passé ; l'identification à l'agresseur, qui la rend volontiers coupable. Ne sachant plus qui elle est, il est facile de lui retourner le cerveau.

L'abus produit précocement et durablement une confusion entre le registre sexuel de l'adulte et celui de l'enfant, auquel il est imposé. Les scènes racontées des années plus tard dans le cabinet d'un psychanalyste portent la trace de cette confusion, au point que le sujet peut se demander dans quelle mesure il n'a pas pris une part active à ce qui s'est passé – *ces événements nous dépassent, feignons de les avoir organisés.* Il appartient alors au thérapeute de l'aider à démêler ses souvenirs, sans s'abriter derrière la tentation rassurante d'y voir *forcément* un fantasme.

Ce que l'hystérie doit à l'abus et à la perversion

La théorie freudienne de l'Œdipe a brouillé le débat sur le rôle de l'inceste dans l'hystérie, en en faisant un fantasme. Or l'enfant, même petit, a en tant qu'être humain une intuition précoce de l'interdit, et quand bien même il aurait des fantasmes, c'est l'adulte qui passe à l'acte. Le viol est un fantasme féminin répandu ; le vrai viol un traumatisme à vie, qui dépossède le sujet de ses fantasmes, donc d'humanité.

Pour Paul-Claude Racamier, « l'inceste, l'incestualité, s'exerçant sur des enfants, ne sont qu'effraction des sens et disqualification du moi, abus majeur et même double abus : sexuel et narcissique ; tueuse d'identité, telle est l'incestualité : c'est l'antimaternage par excellence, et l'antilibido la plus radicale[1]. » L'abus est, pour les auteurs de *La Haine de l'amour*, « le pendant de "pervers" ». La perversion inverse les rôles : l'abus est « pour ton bien », comme le dit le beau-père, dans *Fanny et Alexandre*, le film d'Ingmar Bergman, lorsqu'il torture son beau-fils en l'absence de sa mère.

« Les abuseurs arrivent souvent à donner une image très bonne d'eux-mêmes : certains, un peu moins habiles, jouent la carte du pauvre homme malheureux qu'il faut

1. *In* Préface, *in* Maurice Hurni et Giovanna Stoll, *La Haine de l'amour. La perversion du lien*, *op. cit.*

consoler; la victime va alors intérioriser un lien très curieux qui fera qu'au lieu de le dénoncer ou de se révolter contre lui, elle va au contraire le protéger. »

Dans *Lolita*, on voit la stratégie perverse d'isolement de la victime et de renforcement de sa dépendance. Elle est rendue complice par les avantages matériels auxquels elle cède, ce qui l'identifie à une prostituée. Comme dans le syndrome de Stockholm, son destin devient lié à celui de son bourreau.

Maurice Hurni et Giovanna Stoll disent assumer la « connotation morale » du mot « pervers », la considérant comme un « repère essentiel » en ce qu'elle « prend en compte la spécificité des relations objectales perverses qui veut que le pervers recherche avant tout des proies. Si celles-ci sont incarnées par des êtres démunis ou dépendants comme des enfants, des handicapés, des réfugiés, des pauvres ou même simplement des subalternes, nous sommes légitimés à parler d'abus de pouvoir ». Le fait que ces victimes réagissent à leurs agresseurs, parfois de façon très maligne, ne change rien à l'affaire. Il est indigne et de surcroît inadéquat dans ces circonstances de parler de complicité, ou de se réfugier de façon confuse derrière des concepts de « réalité psychique » ou d'« interaction circulaire ».

En même temps, l'abus ne doit pas être utilisé de façon abusive, totémisé, comme « arme qui légitime les pires agissements pervers ou procéduriers, y compris contre des proches. Ce détournement malheureux ne justifie toutefois pas le renoncement à une compréhension "morale" des interactions perverses[1] ».

1. Maurice Hurni et Giovanna Stoll, *La Haine de l'amour. La perversion du lien*, *op. cit.*

De plus, le fait « qu'un abuseur est toujours une ancienne victime nous permet de nous distancier d'une vision simplement accusatrice[1] ».

Quand le thérapeute rechigne au réel : La revanche tardive de l'hystérie

Le *Retour à la clinique* des années 1990[2] va peu à peu tourner la page de l'hystérie freudienne (féminine et produit d'un fantasme sexuel), qui contournait la perversion où règnent *pour de vrai* incestes et abus. #MeToo et les scandales pédophiles ont achevé depuis de déchirer le voile, mais il aura fallu presque un siècle pour que s'imposent les théories de Ferenczi.

Lorsqu'il va à Vienne fin août 1932 pour lire *Confusion de langue* à Freud, en prévision du prochain congrès de l'Association internationale de psychanalyse, il sait que son refus de la théorie du fantasme peut sceller leur rupture. Son texte choque Freud au point qu'il demande à Ferenczi de ne pas le publier. « Était-ce à cause de l'insistance de Ferenczi sur l'idée que l'abus sexuel des enfants était beaucoup plus répandu que ses contemporains ne voulaient le reconnaître ? Était-ce son intérêt thérapeutique pour la valeur de la régression ? Était-ce le fait qu'il accusait les analystes de ne pas être vraiment bienveillants à l'égard des patients, et même, souvent, de leur infliger de subtils traumatismes[3] ? » Son travail remettait en question

---

1. *Ibid.*

2. J.-B. Pontalis, J. Laplanche, P. Aulagnier, J. McDougall et A. Green, *Après Lacan : le retour à la clinique*, Éditions d'Ithaque, 2017.

3. J. Frankel, « La découverte impardonnable de Ferenczi », *op. cit.*

l'hystérie telle que Freud l'avait posée trente-cinq ans plus tôt, et qui avait fait sa fortune.

Ferenczi passe outre sa demande de ne pas présenter son texte au congrès et meurt peu après sa tenue, en mai 1933, alors que l'hystérie Belle Époque de Freud semble déjà d'un autre temps. Ernest Jones, successeur officiel du maître et gardien de son temple, empêche la publication de *Confusion de langue*, qui ne sera finalement publié qu'en 1949. Pour disqualifier Ferenczi, il aura recours à une méthode digne de l'épuration stalinienne en décrivant un homme mentalement perdu.

Les freudiens les plus puristes résistent jusqu'à aujourd'hui. La psychanalyste Catherine Chabert n'hésite pas à comparer Freud à une sorte de Galilée ayant raison contre tous : « Pensons un instant, sans nous y attarder, au courage de Freud lorsqu'il a dû renoncer à sa neurotica [...] en démasquant l'existence de la réalité psychique, bien en deçà de la réalité matérielle[1]. » Le concept de « réalité psychique » est en effet un apport majeur de Freud à la compréhension de l'être humain, et la psychanalyse a permis, et continue de permettre, à bien des patients de s'approprier leur douleur pour la surmonter, en les aidant à acquérir la responsabilité de leur vie. Mais elle a pu aussi les empêcher de se reconnaître victimes. Cette querelle de clocher n'est donc pas anecdotique.

Dans les abus sexuels, le corps abusé au mieux se détache de la pensée, au pire la contamine de l'idée qu'elle ne vaut rien. Les victimes sont de « véritables survivants », ou des personnes « mortes-vivantes[2] ». Le thérapeute doit alors « être un témoin, c'est-à-dire celui qui atteste de

1. Catherine Chabert, *L'Amour de la différence*, PUF, 2011.
2. Pierre Marty, *L'Ordre psychosomatique*, Payot, 1980.

la réalité du trauma, resté en partie irréel pour le patient. Le témoin, c'est celui qui peut dire, en le ressentant, à quelqu'un qui lui raconte son enfance maltraitée : « "Ce que vous avez vécu est épouvantable." Or une telle attitude est difficilement compatible avec la position de neutralité et de silence[1]. »

Dans les années 1920, Ferenczi soulignait l'exigence du travail sur soi du thérapeute, pour accepter la réalité du patient et affronter les affects qu'elle suscite. Il se voulait honnête avec les patients au point d'avoir développé la technique de l'« analyse mutuelle ». Soixante ans plus tard, Hurni et Stoll insistent : « Le débat souvent captieux concernant la "véracité vraie ou la vérité fantasmatique" des traumatismes allégués par les patients a donné lieu à bien des échappatoires plus ou moins conscientes de la part des thérapeutes au détriment des patients[2]. » Autrement dit, le psy se protégerait de la violence de certains témoignages, selon le même mécanisme de défense que le policier cuisinant la victime jusqu'à ce que, déjà perdue, elle en arrive à ne plus savoir ce qu'elle a *vraiment* vécu. Comme dans *Unbelievable* (Netflix, 2019) : l'héroïne n'est pas crue par le policier à qui elle raconte son viol, en raison de son passé d'enfant placée multi-fugueuse. Son désabusement, je l'ai entendu souvent chez des patients ayant eu ce genre de parcours d'enfance : « Les psys, ils vous écoutent, vous incitent à parler, mais à la fin ils vous expliquent ce qui est bon pour vous, et qui n'a rien à voir avec ce que vous leur avez dit. »

1. Claude Halmos, *op. cit.*
2. *Ibid.*

Distinguer hystérie et perversion derrière des comportements parfois proches

La série *Bad Banks* (2020) offre un panorama assez complet de comportements pervers relevant de personnalités pas toutes perverses. La nuance est d'importance, car le pervers considère l'autre, autant que lui-même, comme une chose : il ne connaît pas le conflit moral, ni même le conflit psychique tout court. Il peut tuer sans état d'âme et de façon à ne pas être pris, mais aussi passer à côté de subtilités qui lui seront fatales.

Dans la série, un personnage de pur pervers se laisse ainsi manipuler par une jeune fille lui jouant la comédie comme seule une hystérique en est capable (dédoublement de personnalité), parce que, lui-même monolithique par rapport à une réalité perçue sans nuance, il ne perçoit pas ce double Je. À l'inverse, avec son sens inné de ce qui fait souffrir autrui, il se laisse massacrer physiquement par un homme au caractère entier (se fait traiter comme une chose) pour pouvoir le faire accuser ensuite.

Une des rivales de ce pervers est une belle femme qui approche la soixantaine (on pense aux sorcières ménopausées). Grande manipulatrice, elle ne traite pas les autres en choses mais en marionnettes : elle s'arroge le pouvoir de les *animer* à sa guise, pour les avoir à sa botte, là où le pervers n'a besoin de personne : bon père de famille, le sexe ne l'intéresse pas pour lui-même, mais il en connaît intimement les ressorts chez les autres. Loup solitaire, il répare à ses heures perdues de vieilles Mercedes.

À l'inverse, la manipulatrice est la mère atroce d'un adolescent qu'elle violente. On la sent sexuellement désenchantée, et plus portée à jouer les mères toutes-puissantes de jeunes à potentiel que la maman attentive d'un fils trop gentil. C'est une femme de réseau, qui a besoin des autres pour sa carrière, hommes de pouvoir ou employés brillants à sa botte, et fonctionne selon des règles féodales : loyauté contre protection. Elle se prend régulièrement les pieds dans le tapis, en partie parce qu'elle est une femme dans un monde d'hommes, mais elle triomphe grâce à un sens politique surdéveloppé.

C'est une hystérique, au sens où elle *joue* avec la perversion, en allant parfois plus loin que le pervers, mais jamais jusqu'à la destruction. Elle affronte des rivaux, et ses meurtres restent toujours symboliques. Le pervers tue physiquement ceux qui gênent *sa* réalité, et se tue s'il est défait par *la* réalité.

Hurni et Stoll résument parfaitement cette différence : « À la logique névrotique appartiennent les malentendus, les inhibitions ou blocages évolutifs en tous genres, voire le manque d'information ou la communication défectueuse. À la logique perverse appartiennent la prédation, les chantages et intimidations, une communication subtile aux fins d'emprise sur l'autre et de manipulation[1]. »

Le couple hystérique et le triangle de Karpman

La clinique des conflits conjugaux m'a amenée à creuser les soubassements du triangle de Karpman, ou « triangle dramatique », à l'œuvre chez certains couples hystériques. C'est-à-dire leur propension quasi addictive à jouer un scénario relationnel à trois rôles (victime-persécu-

1. *Op. cit.*

teur-sauveur), dans lequel ils souffrent comme des poissons serrés dans un chalut.

Je pense ici en particulier à un couple, où monsieur (55 ans) avait commencé à tromper madame (même âge) après trente ans de mariage heureux. Quand elle l'avait découvert, monsieur avait quitté la maison, et ils avaient « fait un break ». Madame avait eu deux amants ; monsieur avait rompu avec sa maîtresse. Le couple s'était remis ensemble. Et, de nouveau, monsieur avait eu une aventure. Je leur avais demandé s'ils venaient pour se séparer ou pour rester ensemble. Ils semblaient clairs tous les deux sur la seconde hypothèse.

Monsieur, sous antidépresseurs, était prêt à tout pour sauver son couple. C'était lui qui prenait rendez-vous, il semblait très motivé mais sa demande était ferme : sa femme devait prendre enfin ses distances avec sa mère « sadique ». Madame avait alors parlé de ses relations avec cette mère, et avec sa famille (nombreuse) qui la traitait comme « leur bonniche », disait son mari, ce qu'elle ne contestait pas. Depuis le départ elle avait été une enfant délaissée : à 5 ans, un oncle avait « abusé » d'elle, et à 9 ans elle ne savait toujours pas lire. Un de ses frères l'« emmerdait » et un autre oncle l'avait violée à 15 ans. Elle en avait gardé une honte qui n'était jamais passée, mais elle avait trop peur de faire un travail sur elle.

Ils vivaient à Paris, et elle allait constamment voir sa mère en province, disant avoir enfin « trouvé sa place, comme nurse » de sa mère. Ce qui était particulièrement insupportable à son mari, qui avait renoncé à l'accompagner, c'était la présence constante du frère « emmerdeur » (comprendre sans doute abuseur), avec la bénédiction de la mère. Tandis qu'il s'indignait que les sévices subis par sa femme n'aient jamais été dénoncés, celle-ci se tenait tête baissée, en silence.

Il avait fini par jeter l'éponge devant sa « complaisance » : « À quoi je sers si elle refuse d'être protégée ? »

Se redressant soudain, elle avait répliqué : « C'est trop facile de tout me mettre sur le dos. » Il avait alors dit, accablé : « Elle ne traite pas le sujet de fond »... et refusé de s'engager à quitter sa maîtresse. Il me semblait que madame pouvait d'autant mieux faire la nurse de sa mère que son mari la trompait, et qu'il la trompait d'autant plus qu'elle ne faisait plus sa nurse à lui.

Un événement aggravait les choses : ils venaient d'être grands-parents, et monsieur en voulait à sa femme de ne pas s'occuper davantage de son petit-fils – ce que madame contestait fermement. Lui-même était un « grand-père gâteau ». Sa famille semblait d'ailleurs au premier plan de ses motivations aux séances, là où madame souffrait davantage du couple disloqué, même si elle répétait : « Après tout ce qu'on a construit », pour justifier de continuer.

Elle se mit à parler de leurs relations sexuelles, qui lui manquaient. Gêné, son mari évoqua un week-end en amoureux qu'ils avaient fait pour se rabibocher, au cours duquel elle l'avait quasi agressé sexuellement alors qu'il manquait surtout de tendresse. Je compris qu'avec sa maîtresse il avait une complicité qu'il n'avait plus avec sa femme, et qui lui manquait davantage que le sexe (il disait d'ailleurs avoir des problèmes d'érection).

De victime, madame devenait persécutrice – elle en ressentait un vrai désespoir. Son mari l'avait au départ sauvée d'une famille « toxique », puis elle s'était mise à lui en vouloir de ne pas l'accepter comme telle, avec ses faiblesses et ses difficultés : le sauveur avait alors endossé le rôle de persécuteur de la petite fille persécutée qu'était restée sa femme. Se sentant abandonnée, celle-ci avait machinalement mis en œuvre son schéma familier d'enfance : celui de l'abus. Elle tentait de sauver son couple, mais celle qu'elle ne sauvait pas, c'était elle.

De son côté, monsieur avait, avec le temps, abusé de la position de sauveur. Enfant choyé par ses deux parents, il avait apprécié avoir une femme reconnaissante et dédiée à lui, avant de lui reprocher de ne pas l'être qu'à lui. Son attente de retour, déçue, l'amenait à se sentir victime. La tromperie contenait une part de dépit et une part de test : c'est ta mère ou moi. Madame se débattait dans la culpabilité, mais sa longue expérience de l'abus la lui faisait reconnaître aussi chez son mari : en refusant de rompre avec sa maîtresse, il abusait de sa dépendance à elle, qu'il était bien placé pour connaître. De sauveur, il était devenu persécuteur. Il disait se sentir vieillir, appelant de ses vœux inconscients une maman (la sienne était morte l'année précédant sa première liaison). Sa première tentative d'arrêt de l'adultère ne lui ayant rien apporté de mieux sur le plan de la tendresse conjugale, il avait recommencé pour « ne pas mourir », disait-il.

Madame n'avait pas souhaité continuer les séances.

Dans un chapitre de leur ouvrage *La Haine de l'amour*, intitulé « La redécouverte du trauma », se référant à Ferenczi, Maurice Hurni et Giovanna Stoll évoquent indirectement cette dynamique où se rejoue « une forme de reproduction compulsive de ce qui s'exerce entre eux et leurs parents, et qui se perpétue à travers l'abus ».

Ils constatent ainsi que le patient qui a été abusé enfant rejoue adulte « l'horreur de réaliser que son parent dont il dépend vitalement, qu'il aime et dont il croyait être aimé, ne lui veut pas du bien, ne l'aime pas, mais veut au contraire l'utiliser, l'avilir et le détruire ».

Dans le cas de mes patients, le désarroi de madame face à la demande de son mari était total. Elle ne reconnaissait plus l'homme qui lui avait été fidèle pendant vingt ans, lequel disait n'avoir pas changé d'un iota : il avait choisi cette femme pour fonder une famille, en avait joui avec elle, et les enfants grandissant et lui vieillissant il aspirait à poursuivre ce bonheur tranquille. Mais tout ça, madame ne pouvait pas le partager, car si son mari n'avait plus beaucoup de désir pour elle, c'est qu'il ne l'aimait plus. La preuve, il la trompait. La *confusion de langage* entre eux était totale.

Le père, bouc émissaire ?

La psychanalyste freudienne Catherine Chabert l'affirme : « Le séducteur, c'est toujours le père, l'agent actif est toujours l'homme. La mère séductrice, elle, est silencieuse ou parle par énigmes. Elle est prise dans un refoulement qui lui accorde une part d'innocence[1]. » En même temps, Catherine Chabert rappelle le rôle du masculin comme tiers séparateur d'avec la mère, comme si c'était elle l'agent pathogène.

Cette vision semble n'avoir laissé le choix au masculin qu'entre l'abus (inceste ; violences familiales) et la démission (pères abandonniques). Elle mérite d'être déconstruite, tant elle est réductrice.

D'abord, l'« agent séducteur » n'est pas toujours le père. L'incestualité maternelle existe, même si elle est moins médiatisée – soit que les mères incestueuses soient plus rares, soit que leur existence soit encore plus taboue. Elle s'exprime par une emprise moins sexuelle (et encore...) que morale, comme dans le cas de mon couple de

1. *L'Amour de la différence*, *op. cit.*, 2011.

patients. Madame ne mentionnait d'ailleurs jamais son père, qui avait divorcé et refait sa vie loin de la maquerelle régnant sur son troupeau d'enfants. C'est à lui qu'elle accordait une « part d'innocence », comme souvent les filles avec leur père.

Ensuite, chez Freud le rôle de la mère comme tiers séparatrice d'avec le père est passé sous silence, alors que ce rôle est fondamental quand le père est incestuel. Alors que les enfants de mères célibataires ne s'en sortent pas forcément moins bien que les autres, et que les débats autour sur la réparation des abus ne font que commencer[1], la question est : quelle part joue chacun des parents dans la vulnérabilité de l'enfant ?

Analysée par Ferenczi, Melanie Klein (1882-1960) avait centré ses travaux sur la période antérieure à l'Œdipe, où se jouait selon Freud le conflit entre désir et interdit pour le parent du sexe opposé, à l'origine de l'hystérie. Elle en avait conclu que les choses étaient sans doute plus complexes, et à sa suite la psychanalyse anglaise avait creusé la question du « maternage » (les mères avaient alors le monopole des soins des premières années). Le pédiatre-psychanalyste D. Winnicott (1896-1971) avait ainsi proposé le concept de mère *good enough*, c'est-à-dire bonne sans excès, qui n'en fait ni trop ni pas assez. Cette mère idéale, chargée d'insuffler à l'enfant une sécurité de base, apparaissait comme le meilleur antidote aux effets pathogènes d'éventuels traumatismes. De là à penser que sa défaillance pouvait *a contrario* être la cause de l'hystérie, en lieu et place de la séduction paternelle, il n'y avait qu'un pas.

1. À écouter : la série de quatre podcasts *Nous faire justice*, Les Couilles sur la table (Victoire Tuaillon, Binge Audio, mars-juin 2023).

La plainte hystérique : une rancune ?

En 1974, le psychanalyste Massud Kahn considérait que « l'hystérique aurait répondu aux défaillances de maternage [...] par un développement sexuel précoce[1] ». Le fautif n'était plus le père séducteur mais la mère, qui aurait poussé sa fille à chercher dans la sexualité la tendresse qu'elle ne lui avait pas donnée. Puisque bien sûr l'hystérique était *nécessairement* une femme, et le maternage *nécessairement* assuré par la mère. Pour Massud Kahn, la « rancune » de l'hystérique envers son partenaire était le symptôme d'un insatiable besoin de réparation des dégâts causés par l'objet parental qui n'aurait pas su distinguer les besoins du Moi (l'amour) des désirs (sexuels). Il était bien placé pour parler de « rancune » dans la mesure où plusieurs étudiantes et patientes étaient alors en train de l'accuser de manquer à la déontologie. Leurs accusations, alors que le féminisme connaissait son premier âge d'or, allaient aboutir à son interdiction d'exercer comme superviseur d'analystes.

L'argument d'autorité scientifique au service de la déresponsabilisation du père et de l'infantilisation de la « rancunière » hystérique laisse aujourd'hui un goût amer : si la victime se relève, réalise ce qu'elle a vécu et cherche réparation, c'est qu'elle serait rancunière : après l'abus et le désaveu, on va la traiter d'hystérique. C'est le premier mécanisme de défense de tous les prédateurs sexuels dans les procès qui se sont succédé depuis #MeToo.

1. *Revue de psychanalyse*, n° 10, 1974.

En réalité, les racines pré-œdipiennes relèvent de la configuration parentale globale, où un parent (mère ou père) a « excité » l'enfant excessivement, soit par son absence (que l'enfant va chercher à combler par les voies que l'adulte lui semble apprécier : séduction, réussite scolaire...), soit par trop de présence (qui va coloniser la psyché de l'enfant et empêcher son développement autonome : « terrorisme de la souffrance » qui prend l'enfant en otage de la réparation parentale ; chantage affectif à la reconnaissance...).

Ce parent peut être les deux parents, ou bien, comme dans le traumatisme, la configuration parentale globale fait que l'un des parents est pathogène et l'autre le permet. C'est pour cette raison que la douleur de l'hystérique s'adresse prioritairement soit à la mère, soit au père, soit aux deux parents, comme on le voit dans les fratries où plusieurs enfants ont été maltraités (voir le cas d'Aurélie, dans la quatrième partie).

L'hystérie déconstruite en tant que symptôme d'un Œdipe féminin mal digéré, reste à savoir où en sont les femmes par rapport à « leur » maladie.

Troisième partie

LIBÉRÉES-DÉLIVRÉES ?

La modernité a bouleversé l'hystérie sous l'angle du trauma, mais aussi sous l'angle sexuel, avec la maîtrise de la fonction reproductrice des femmes. Leur désir sexuel pouvant désormais être envisagé indépendamment du désir d'enfant, toutes les théories masculines de l'hystérie féminine construites autour de cette confusion vont être à revoir.

Par ailleurs, les femmes n'étant plus réduites à leur corps pour exister socialement et affectivement, leur souffrance a de moins en moins de raison hystérique d'être – au sens où la souffrance hystérique prospère sur la dépendance au regard d'autrui.

Enfin, l'appareil génital féminin n'est plus un grand tout obscur dominé par l'utérus. L'étude de sa partie dédiée au plaisir sexuel va mettre au jour une géographie qui bouleverse l'image de la femme hystérique. Le phallocentrisme attribuait aux hommes le bien-être des femmes : on découvre qu'elles ne faisaient que *jouer leur jeu*. L'hystérique frustrée était effectivement mal baisée.

Cette révolution initiée dans les années 1960 et 1970 arrive sur fond de remise en question du faux universalisme de la Révolution française. Le féminisme s'engage ainsi dans deux voies de revendication : la spécificité de certains droits des femmes (contraception, avortement...)

au nom de la différence des sexes ; l'alignement des droits politiques, sociaux et économiques des femmes sur ceux des hommes, au nom de l'universalisme, puisque « tout en proclamant les droits de l'homme, la Révolution a séparé les sphères sexuées et confiné les femmes à la « vie domestique[1] », affirme l'historienne Éliane Viennot[2].

L'hystérie « fait l'air du temps, comme elle l'a toujours fait[3] ». L'archétype, qui a fait son heure de gloire et sa caricature, est une bourgeoise en âge de procréer, socialement entravée, sexuellement encadrée. Cette figure, qui rendait compte d'une époque sur-genrée, n'a pas disparu (ex : Madeline, dans la série *Big little Lies*). Mais elle n'est qu'une parmi bien d'autres individus.

---

1. Éliane Viennot, *Le Monde*, 28 mai 2020.

2. Auteure, notamment, de *Et la modernité fut masculine. 1789-1804*, Perrin, 2016, et de *L'Âge d'or de l'ordre masculin. La France, les femmes et le pouvoir. 1804-1860*, CNRS Éditions, 2020.

3. Claude-Noële Pickmann, *L'Hystérie dans l'air du temps,* Erès, « L'hystérie », n° 27, 2014/I.

1

La maîtrise de la procréation : un avant-après anthropologique

« Le corps de l'hystérique constitue un défi pour le savoir établi, et cela dure depuis presque la nuit des temps[1] », rappelle la psychanalyste Claude-Noëlle Pickmann. En retour, la révolution du savoir sur le corps féminin constitue un défi pour l'hystérie dite féminine.

En séparant la procréation de la sexualité, la contraception a en effet achevé d'invalider le pilier sur lequel était pensée l'hystérie depuis Freud : le fantasme féminin d'avoir un enfant du père.

L'utérus ne donne pas de plaisir : une réalité très difficile à admettre

« Longtemps, être femme, c'était être mère » : ainsi s'ouvre le documentaire *Tu seras une mère, ma fille*[2], retraçant l'histoire de la maternité en France depuis un siècle. L'obsession nataliste, qui taraude les élus de la Nation depuis 1789, ressurgit après la saignée de 1914-1918 : les Françaises sont sommées de faire autant d'enfants que leurs voisines européennes. Ainsi, la loi du 31 juillet 1920

1. Claude-Noëlle Pickmann, *op. cit.*
2. France 5, 2020.

réprime-t-elle « la provocation à l'avortement et à la propagande anticonceptionnelle ».

Les femmes restent jusqu'à la pilule telles que décrites dans l'Antiquité : à la merci de leur utérus, ou plus exactement de leur système ovarien... mais aussi et surtout de l'homme[1]. Leur bonheur étant *forcément* dans la reproduction, leur plaisir sexuel vient *forcément* de l'acte qui l'origine. Peu importe que Rufus d'Éphèse ait décrit précisément, au Iᵉʳ siècle[2], l'appareil génital féminin en distinguant ses parties reproductrices et ses parties strictement sexuelles (il est l'inventeur des mots « clitoris » et « clitoriser »). L'idée qui s'impose jusqu'à la fin du XVIIIᵉ siècle est celle d'un appareil génital féminin grand-tout, cohérent avec la nécessité que fécondation et plaisir sexuel aillent de pair. Les nombreux enfants issus de viol prouvent le contraire, mais peu importe. Pour les natalistes (hommes ou femmes), ce qui compte, c'est la quantité.

À la Renaissance, l'anatomiste italien Realdo Colombo (1515-1559) décrit le clitoris (qu'il prétend avoir découvert) comme les extrémités de deux prolongements de l'utérus se rejoignant pour former un mini-pénis dont l'excitation déclenche un orgasme et une libération de semence propice à la fécondation.

Cette description, copié-collé de la jouissance masculine, est contredite par la dissection, mais l'androcentrisme (vision du monde par des yeux d'homme) aveugle la science, que les femmes n'ont aucun moyen de contredire puisqu'elles n'ont pas la parole, surtout sur ce sujet. Cet androcentrisme voit l'orgasme comme le moment de

1. Le coïtus interruptus est le moyen contraceptif le plus efficace, connu depuis la nuit des temps.

2. *Des parties du corps humain.*

coïncidence du fantasme de féconder/posséder et du plaisir corporel. Il fait l'impasse sur l'opprobre et la solitude qui tombent sur la femme lorsque l'enfant résultant de cette extase n'était pas souhaité. Car c'est sur la mère que repose la « punition » de l'acte sexuel, comme le souligne l'article le plus étonnant, pour notre époque, de la déclaration des Droits de la femme d'Olympe de Gouges : « La libre communication des pensées et des opinions est un des droits les plus précieux de la femme, puisque cette liberté assure la légitimité des pères envers leurs enfants. Toute citoyenne peut donc dire librement : je suis mère d'un enfant qui vous appartient, sans qu'un préjugé barbare la force à dissimuler la vérité ; sauf à répondre de l'abus de cette liberté dans des cas déterminés par la loi. »

Cet article 11 revendique le droit, pour les femmes, de ne plus couvrir de leur silence les hommes adultères refusant de reconnaître leurs enfants illégitimes. Sur ce point elles seront suivies par les révolutionnaires, puisque balayer l'Ancien Régime dépravé consistait précisément pour eux à assumer leurs responsabilités viriles. La loi de 1792 autorisant le divorce facilitait ces reconnaissances.

Cette loi, qui entraîne une avalanche de séparations toutes classes sociales confondues, sera supprimée en 1816, mais il est désormais admis qu'une femme puisse tomber enceinte sans plaisir. Pourquoi, dans ce cas, s'échiner à obtenir son plaisir s'il n'assure pas la fécondation ? Et à l'inverse, si le plaisir féminin ne se traduit pas forcément par la fécondation, ne va-t-il pas détourner la femme de ses devoirs d'épouse et de mère ? Valoriser l'institution du mariage permet de mettre sous le tapis ces questions douloureuses, mais l'Histoire continue.

En 1844, l'appareil génital féminin est enfin décrit précisément. La question du plaisir féminin flambe sur un mode nouveau : différent de celui des hommes, il est une *terra incognita* d'autant plus effrayante que l'homme fécondant croyait la connaître. L'androcentrisme vire au phallocentrisme (préparant Freud) : l'inconcevable, qui vaudra l'interdiction de *Madame Bovary*, c'est qu'une femme peut avoir le meilleur mari du monde et la plus mignonne des petites filles et être malheureuse à en mourir. Puisqu'elle a « tout pour être heureuse », de quoi est-elle frustrée ?

Si le bonheur de la femme, qui passe exclusivement par le mariage et la maternité, n'est pas au rendez-vous, c'est qu'il y a un *autre* problème. Flaubert ne fait pas de son héroïne un cas clinique, mais lui attribue un mari médecin sans envergure, dont on comprend qu'il ne doit pas être brillant au lit. C'est sa frustration sexuelle – et non son utérus ou ses vapeurs – qui la rend hystérique en se jetant au cou d'autres hommes.

Cette « furie féminine » réactualisée provoque une panique puritaine. La scission mamans-putains s'opère sous l'effet de la peur. Les femmes « bien » qui redoutent la maladie hystérique se rangent du côté des puissants : leur mari, mais aussi leur médecin. C'est le début de la sexologie, que Freud pratiquera comme nombre de ses confrères. Et c'est en analysant des femmes et des jeunes filles « confiées » par un homme à ses soins qu'il inventera sa théorie de l'hystérie.

Le besoin de plaisir sexuel des femmes devient un enjeu politique, à traiter par tous les moyens. Des patrons se séparent de domestiques « vicieuses » enceintes (parfois d'eux). La littérature abonde d'histoires de jeunes filles abandonnées, abusées, livrées au monde comme chair à sexe... et en tirant parfois profit comme *Nana* chez Zola. Ce qui crée encore un autre risque pour la stabilité sociale.

Pire que l'adultère, la masturbation (dont il n'est pas question chez Flaubert) est diabolique car elle échappe au couple, pilier de la société du XIXe siècle. Celle des hommes est condamnée; celle des femmes strictement encadrée par le corps médical, qui ne manque pas d'inventivité : hydrothérapie, électrothérapie et instruments mécaniques divers (le marteau de Granville, déjà cité) permettent de soulager les femmes sous couvert de prescription thérapeutique. Mais l'empathie a des limites, et il faut parfois des méthodes plus radicales, comme la clitoritectomie, pour traiter une compulsion masturbatoire indigne, ou faire d'une fille à l'appendice trop proéminent (présumant d'une sexualité débridée) une «vraie» femme concentrée sur la procréation[1]. Au XIXe siècle et jusque dans les années 1920, en France, on pratique l'excision, avec des résultats officiellement remarquables sur l'hystérie.

La IIIe République va finalement rétablir le divorce (1884), mais il n'est plus question d'«incompatibilité d'humeurs», comme en 1792. Un peu comme, plus tard, la contraception et l'avortement, il faut avoir de bonnes raisons de divorcer. La sexualité n'en est pas une – l'est-elle d'ailleurs aujourd'hui, c'est une autre question. C'est dans ce contexte que va naître l'hystérie freudienne.

Ce clitoris qu'on n'en finit plus de redécouvrir

Chez Freud, l'utérus reste indirectement associé au plaisir sexuel puisque avoir un enfant du père est le fantasme

1. *Au-delà du clitoris*, La série documentaire, France Culture, septembre 2020.

œdipien idéal de la fille, prenant symboliquement la place de la mère et sublimant son envie de pénis.

Bien que médecin, ayant suivi des cours d'anatomie, Freud ne pense pas le clitoris *en soi*, mais comme un petit pénis auquel la fille doit renoncer pour être pleinement femme... c'est-à-dire accéder au seul plaisir génital adulte admissible : le coït par pénétration vaginale. Pour Freud, tout être humain, quel que soit son sexe, est d'abord un mâle. D'où la fameuse « envie de pénis » de la petite fille, et l'hystérie de la femme qui n'a pas sublimé sa castration.

Cette théorie tient sur un postulat : l'ignorance infantile du vagin, le clitoris, pénis castré, étant seul visible, donc seul connu. Cette hypothèse a donné lieu à de si nombreuses analyses, contre-analyses et controverses, chaque psychanalyste se prononçant d'après sa propre histoire, ses propres théories infantiles, ses propres enjeux par rapport au genre et à la sexualité, qu'on en reste éberlué. Au cours de ses explorations masturbatoires précoces, la petite fille n'a pourtant pas moins de raison de découvrir son sexe (extérieur et intérieur) qu'un petit garçon de tester les possibilités de son pénis, et les longues recherches de H. Roiphe et E. Galenson dans les années 1970 ont montré que bien avant la crise œdipienne (3-5 ans), la différence sexuelle est perçue et source d'angoisse pour les enfants des deux sexes[1]. Pourtant, la belle histoire de la femme homme castrée a encore ses adeptes.

La psychanalyste Janine Chasseguet-Smirgel constate que le monisme phallique « a su résister à tous les arguments cliniques et théoriques qui lui ont été opposés,

1. *Cf.* H. Roiphe et E. Galenson, *La Naissance de l'identité sexuelle*, PUF, 1987 (*Infantile Origins of Sexual Identity*, NY International University Press, 1981).

ainsi qu'à ses propres contradictions[1] ». Elle met cette résistance sur le compte de la « blessure narcissique, commune de l'humanité, résultant de la prématuration du petit de l'homme qui le rend entièrement dépendant de sa mère[2] ». Il se guérirait de cette toute-puissance maternelle en s'accrochant au phallus masculin, ce qui, pour une fille vivant dans un monde où le pénis est valorisé, se traduit concrètement par l'envie de pénis.

« Freud attribue à l'homme un “mépris normal” de la femme » en raison de son absence de pénis. « D'après mon expérience, souligne Janine Chasseguet-Smirgel, derrière le mépris prononcé se révèle toujours dans l'analyse une imago maternelle puissante, enviée, terrifiante. » L'envie de pénis aurait-elle été le fantasme du petit Freud rêvant de sa mère rêvant de son pénis ?

Quoi qu'il en soit, le savoir médical, construit par les hommes, est aujourd'hui un champ de réappropriation de leur histoire par les femmes[3]. La première, l'urologue australienne Helen O'Connell a publié entre 1998 et 2005 une série d'articles scientifiques restituant ses recherches sur l'anatomie du clitoris, et critiquant une production de savoirs médicaux anatomiques biaisée concernant le genre. Elle a expliqué qu'elle était arrivée à cette recherche en constatant l'attention portée à l'érection masculine, dans le geste chirurgical urologique, attention ne se retrouvant pas pour l'appareil génital féminin. Elle a pratiqué la première IRM d'un clitoris pendant l'orgasme, et proposé

1. Janine Chasseguet-Smirgel, *in* G. Cabrol, M. Emmanuelli, F. Nayrou, J.-H. Parat (dir.), *La Sexualité féminine*, PUF, 2013.

2. Ses *Recherches psychanalytiques nouvelles sur la sexualité féminine* (Payot, 1964) ont été une étape importante dans le début de la fin du monisme phallique.

3. *Au-delà du clitoris*, La série documentaire, *op. cit.*

une description visuelle précise et complète du sexe féminin, dans un but de vulgarisation.

Depuis, la démocratisation des connaissances du clitoris est en marche, notamment grâce aux manuels scolaires dont les contenus souvent faux ont été mis à jour. Que cette actualisation soit si récente reste sidérant, mais le clitoris s'expose désormais en place publique. En 2018, un clitoris géant gonflable est installé en plein air à Genève, à l'occasion du festival féministe « Les Créatifs », tandis que des sculpteurs hommes proposent un vagin monumental (Anish Kapoor, *Dirty Corner*, à Versailles en 2011) ou des séries d'utérus géants (Damien Hirst au Qatar en 2018).

Là encore, on remarque combien la « répartition » organique opère... Envisager (et donc représenter) l'organe sexuel féminin dans son entier semble décidément compliqué.

« L'excision psychique » à déconstruire

En 1925, Marie Bonaparte vient voir un Freud âgé, dans l'espoir de guérir sa frigidité, qui frustre beaucoup cette grande amoureuse. Elle a publié en 1923, sous pseudonyme, les résultats d'une grande enquête qu'elle a menée sur le clitoris et le plaisir féminin[1] au cours de laquelle elle a interrogé des dizaines de femmes et de médecins. Elle en a conclu que l'excision physique est inutile en Occident, où les femmes ont intériorisé selon elle une « excision psychique ». Par ailleurs, elle considère que le problème de l'orgasme féminin est anatomique : trop

1. Docteur Narjani, *Considérations sur les causes anatomiques de la frigidité chez la femme*, 1923.

éloigné du vagin, le clitoris ne peut être stimulé par le pénis. Elle en déduit que seule une opération pour l'en rapprocher peut guérir la frigidité. Autrement dit, l'anatomie du sexe féminin doit être corrigée pour s'adapter au sexe masculin.

Qu'une femme si audacieuse, parlant masturbation féminine à une époque où elle est taboue, en arrive à cette solution dit le poids du phallocentrisme imprégnant les esprits même les plus libres. Après avoir exploré en analyse avec Freud ses représentations sexuelles infantiles, sans que sa frigidité évolue d'un iota, Marie Bonaparte se fait finalement opérer du clitoris (trois fois), sans plus de succès. Pleinement consciente de son « excision psychique » elle s'automutile donc plutôt que de remettre en cause la théorie de Freud sur l'idéal génital féminin, où seule une verge pourrait la faire jouir en adulte.

Un siècle après Marie Bonaparte, combien de femmes se demandent encore si elles sont normales de ne pas trouver l'orgasme dans la pénétration vaginale, *comme au cinéma* ? À partir des années 1950, la connaissance du corps féminin-hystérique fait pourtant des avancées considérables, grâce à son étude sous l'angle non plus psychologique mais strictement sexuel. Les travaux pionniers de Bill Masters et Virginia Johnson (dont l'excellente série *Masters of Sex* raconte l'odyssée professionnelle et privée) révolutionnent les préjugés (androcentrés) sur la nature de l'excitation sexuelle et de l'orgasme féminins, et leurs ouvrages *Human Sexual Response* (1966) et *Human Sexual Inadequacy* (1970) sont des best-sellers mondiaux[1]. En 1973,

1. Le premier *Rapport sur le comportement sexuel des Français* date de 1972. Des mises à jour sont régulièrement menées depuis, la dernière date de 2016 (publiée en 2019).

Notre corps, nous-même, publié par un groupe féministe américain à partir d'interviews de femmes, est traduit dans le monde entier. En 1976, le rapport de la sexologue américaine Shere Hite sur la sexualité féminine, résultat de quatre années d'enquête auprès de milliers de femmes, pose clairement qu'une femme ne peut pas avoir d'orgasme sans stimulation clitoridienne, et que le coït provoque l'orgasme chez 95% des hommes et seulement 53% des femmes ; il est vendu à plusieurs dizaines de millions d'exemplaires (une nouvelle édition, publiée en 2002, confirme ses conclusions).

Les idées reçues ont néanmoins la vie dure, et la sexualité féminine hors pénétration continue à être plus ou moins associée à une perversion infantile, entretenant bon nombre d'hystériques dans une frustration honteuse, inutile et délétère.

Soixante ans après la pilule, l'histoire de la petite fille et son sexe, racontée par la psychanalyse à partir de récits de femmes adultes à un médecin homme, commence seulement à vaciller : la meilleure issue à la névrose hystérique n'est plus forcément d'avoir un enfant du père (*via* le coït), mais éventuellement d'avoir une sexualité épanouie (*via* l'orgasme). Ce qui met l'hystérie, habituée à vivre dans le désir de l'autre, devant une possibilité complètement inédite : réaliser le sien, dans les deux sens du terme (en avoir conscience et le mettre en œuvre). Une liberté qui peut aider à lever, mais aussi faire flamber, les inhibitions et angoisses.

Le vagin, qui fait le lien entre l'utérus de la reproduction et le clitoris du plaisir, est un organe de choix pour l'hystérie.

La pénétration vaginale : une forme particulière d'effraction psychique

Là encore, il faut repartir de la représentation androcentrée pour tenter de comprendre son impact sur l'hystérie.

Le vagin offre en même temps à la verge l'orgasme (95 % de réussite selon le rapport Hite, donc), l'accès à la reproduction et le fantasme de retour au ventre maternel. Il est donc aussi désirable que dangereux – voir le mythe présent dans de nombreuses cultures du *vagina dentata* (« vagin denté ») renvoyant à l'angoisse de la castration inconsciente de l'homme par les organes génitaux de la femme – aussi excitant que répugnant. Tout ce qu'il faut pour susciter une vigoureuse « envie de vagin ».

D'autant qu'il n'a pas d'équivalent masculin. La verge permet en effet la reproduction, mais pas nécessairement l'orgasme (53 % de réussite), ce que les hommes ne peuvent plus ignorer mais qu'ils refoulent, aidés par les femmes qui jouent généralement le jeu (tout ou partie des 47 % simulent, en hystériques). Ils sont donc portés à considérer que dans le coït le vagin est aussi satisfait que la verge. Même si cet enchantement a du plomb dans l'aile, une croyance acquise depuis des siècles ne va pas disparaître du jour au lendemain.

Passons au point de vue de la femme : le vagin est un orifice caché et sans défense (contrairement à la bouche), qui permet à un corps étranger de pénétrer à l'intérieur d'elle, ou (version dangereuse) laisse l'intérieur de son corps à la merci d'une pénétration. Il y a vingt-cinq ans,

Les Monologues du vagin[1] le présentaient demandeur, douloureux, révolté, joyeux, jouissif, mutilé...

Je l'ai quant à moi entendu barricadé chez suffisamment de patientes pour penser que le vaginisme – contraction musculaire qui empêche toute pénétration vaginale désirée – est une pathologie encore sous-évaluée, qui relève de l'hystérie lorsqu'elle n'a ni cause organique ni cause traumatique réelle et qu'elle contredit le désir sexuel conscient de la femme. Des fantasmes d'intrusion menacent l'intégrité d'un Moi fragile, le blocage à être pénétrée symbolisant l'incapacité à être aimée, à être aimable, la nullité. Un équivalent de l'impuissance masculine, symptôme d'un désir en panne, alors qu'on *voudrait* tant.

Je pense à deux patientes d'une quarantaine d'années, qui n'avaient jamais été pénétrées. La première, lesbienne en couple depuis des années, ne pouvait pas même être examinée au speculum par sa gynécologue, mais n'en ressentait aucune gêne parce qu'elle n'avait jamais été attirée par un homme. La seconde, hétérosexuelle, avait eu des liaisons qui s'étaient toujours arrêtées aux portes de la sexualité, ce qui la tourmentait de plus en plus l'âge avançant. Issue d'une famille étouffante, paranoïaque et dévalorisante, elle avait mis du temps à s'autonomiser, au prix d'angoisses intenses à chaque pas loin du cercle. Mais elle restait terrorisée par l'intrusion en général, par l'éventualité qu'un homme « profite » d'elle en particulier, et par le fait de devenir pleinement une femme surtout. Avoir un enfant était pour elle le but ultime de tous ses efforts, et elle avait entamé une relation rendant possible sa

1. Pièce de théâtre d'Ève Ensler, créée en 1996 aux États-Unis (en 2000 en France).

réalisation. Mais son « blocage », dont le vaginisme n'était qu'un symptôme, la condamnait à y renoncer.

Le vagin fait le lien entre désir sexuel et désir de maternité, mais à l'époque de la névrose freudienne, structurée par l'interdit, on avait tendance à voir le vaginisme comme une frigidité extrême. En réalité, il pose moins la question du plaisir coupable que de la solidité du Moi féminin, en pleine déconstruction-reconstruction après plusieurs décennies de féminisme. La belle série *Unorthodox* (Netflix, 2019) montre l'acharnement d'une femme moderne à vouloir remplir son devoir conjugal, malgré un vaginisme sévère et le rite hassidique peu propice au plaisir. Son symptôme lui rappelle qu'en voulant à tout prix être acceptée et formatée par la communauté qui a rejeté sa mère, elle se coupe d'une partie d'elle-même. Ce qui fait très mal. Il suffira d'une fois douloureuse pour qu'elle tombe enceinte et que, se projetant comme mère, elle parte alors à la recherche de la sienne. À l'image de la communauté juive orthodoxe new-yorkaise à laquelle elle appartient, enclave ultraconservatrice au milieu d'un monde ultramoderne, sorte d'utérus géant (où les épouses alignent les grossesses) coupé du sexe débridé, cette héroïne tente de se protéger des remises en question à grand renfort de cadre. Mais son être intime est sur un autre registre : dans son vagin se joue une lutte féroce entre vie (désir de maternité) et mort (être niée comme fille de sa mère).

Désir d'enfant et désir sexuel ont cessé d'aller de pair

Le baby-boom d'après 1945 est paradoxalement l'époque où les recherches sur la contraception s'accélèrent.

Inventée par un homme (l'Américain Gregory Pincus en 1956), et financée par une mécène (Katharine Dexter McCormick), elle-même aiguillée par une infirmière (Margaret Sanger), « la pilule » est autorisée en France pour toutes les femmes par le général de Gaulle en décembre 1967[1]. Elle fait passer l'utérus d'un mystère subi (symboliquement pas très différent du petit animal antique) à un organe presque comme un autre.

L'enjeu politique du corps féminin s'en trouve bouleversé : historiquement assigné à fournir des soldats, des travailleurs et du réconfort, il doit désormais permettre une « maternité heureuse », dans un objectif psycho-sanitaire qui concerne toute la société, au-delà des femmes et des enfants. Lorsqu'elle fait voter le remboursement de la pilule par la Sécurité sociale en juin 1974, Simone Veil déclare à l'Assemblée : « Ce qu'il faut, c'est faire entrer la contraception dans le droit commun, la dédramatiser, en faire un acte médical comme un autre. » En 1999, ce sera la pilule du lendemain, puis les pilules de troisième et quatrième générations, dont les effets secondaires ont amené les femmes (et les hommes) vers d'autres moyens de contraception.

Le droit, la facilité d'accès et la quasi-gratuité sont une chose ; les motivations intimes de chaque femme, mêlées d'ici et maintenant et de millénaires d'aliénation à – et de – leur appareil génital, une autre. Le désir d'enfant n'est pas strictement juxtaposable au désir d'*avoir* un

---

1. Lucien Neuwirth, rapporteur de la loi, raconte dans ses mémoires son entrevue avec le chef de l'État, qui y était ouvertement hostile : « Il m'a laissé parler pendant quarante minutes sans dire un mot. Puis, au terme de mon exposé, il a dit : Vous avez raison, transmettre la vie est important. Il faut que ce soit un acte lucide. Continuez ! »

enfant, d'*élever* un enfant ou encore de *faire* un enfant, ou de *tomber enceinte*. Cette question a pu émerger à partir du moment où il était possible de *ne pas* en faire ou en avoir.

Plus il est accessible, plus l'avortement se voit soupçonné par ses détracteurs d'être une contraception de confort, moins contraignante et pas plus risquée que la pilule ou le stérilet, attestant de l'irresponsabilité de la femme (pas de l'homme). L'augmentation du nombre d'avortements par femme[1] (mais pas du nombre de femmes qui avortent) et les récits que j'en entends m'évoquent davantage une expérience toujours douloureuse, dans un contexte socio-économique et culturel où il n'est plus question de mettre au monde un enfant non désiré.

Comme toutes les techniques médicales touchant la reproduction de l'espèce, l'avortement révèle à l'être humain des pouvoirs qui l'émerveillent et lui font peur. La liberté de ne pas avoir d'enfant offre ainsi (ou impose) à l'hystérique de nouvelles façons de gérer ses désirs refoulés. Le choc du *Deuxième Sexe* a été vécu par certaines comme une invitation à écarter tout ce qui pouvait les entraver (un homme, une relation, un enfant, le vieillissement...). À l'inverse, certaines PMA tardives font de femmes-enfants des aspirantes hystériques (ignorant l'âge du corps) à la maternité. Loin d'éliminer l'homme de leur désir, elles témoignent souvent, au contraire, de l'avoir trop privilégié au détriment de la maternité. À une époque où la femme reste jeune plus longtemps, séduire le père

1. En 2015, pour le quarantième anniversaire de la loi autorisant l'avortement en France, l'Ined publiait une étude montrant qu'un tiers des femmes avortent au moins une fois dans leur vie. Mes statistiques personnelles m'inciteraient à doubler ce chiffre.

jusqu'au-delà de la ménopause peut être une expression hystérique plus vivace qu'avoir un enfant de lui. En 1990, la psychanalyste Annie Anzieu jugeait que « les moyens scientifiques actuels mis à la disposition de procréatrices mégalomanes leur donnent l'illusion qu'elles ont pu éliminer l'homme de leur désir[1] ». Outre que cette sentence fait bien peu confiance aux femmes, que vaut leur audace à s'emparer de leur désir comparée par exemple à celle de conquistadors éliminant les autochtones ?

Bien que la science ait permis de disjoindre sexualité et procréation, la domestication de l'utérus est donc loin d'avoir déchiré le voile dont son caractère fantasque couvrait le désir sexuel féminin. Le choix d'avoir ou non un enfant révèle néanmoins de plus en plus clairement la dimension d'accomplissement, ou au contraire d'épuisement, de ce désir dans la maternité.

1. Annie Anzieu, *La Femme sans qualité*, Dunod, 1990, p. 8.

2

Désir sexuel, réalisation de soi et procréation : l'hystérie féminine entre deux eaux

L'hystérie, pathologie de la dialectique dominant-dominé, a été résumée par Lacan d'une formule célèbre à défaut d'être nuancée : « l'esclave qui cherche un maître sur lequel régner ». À partir du moment où l'esclave s'émancipe et où l'égalité remplace théoriquement la hiérarchie, la question est de vivre ensemble, sachant que l'ancien maître a quelques longueurs d'avance. Le masculin devient-il l'homme à abattre ? Certaines affranchies partent au combat, d'autres regrettent l'ancien monde, la majorité suit le mouvement à son rythme.

Côté plaisir, le désir sexuel féminin peut aujourd'hui se dire et se vivre, dans les sociétés occidentales, y compris à travers des pratiques qui étaient encore qualifiées de « déviantes » à la fin du XXe siècle. L'hystérie au féminin n'en a pas disparu, mais elle a des solutions moins « lourdes » que l'adultère, la maternité ou le suicide – comme la masturbation, le libertinage ou le sadomasochisme.

Côté reproduction, la science permet d'assouvir le désir (ou pas) de maternité. En pouvant se passer du père de famille, et même du géniteur, la femme hystérique n'a théoriquement plus de raison de se plaindre. L'évidence se révèle alors : son mal n'avait rien à voir avec son utérus. Ou plutôt, pour paraphraser Phèdre, chez Racine : « il vient de plus loin ».

Des « pratiques déviantes » comme moindre mal à l'hystérie

En 1996, Joyce McDougall soulignait l'importance d'offrir aux « perversions sexuelles féminines » des issues moins pathogènes que la maternité (« chez Freud, la femme n'a pas besoin de créations perverses – à la place elle crée des bébés[1] ! »).

« La petite fille qui, dans sa vie adulte, entretiendra des relations sexuelles déviantes (telles que l'exhibitionnisme ou des échanges sadomasochistes) croit souvent avoir été une enfant non désirée, ignorée ou étouffée par sa mère. D'autres se vivent comme un objet partiel *appartenant* à la mère et de ce fait pensent avoir été traitées comme une prolongation narcissique d'elle ».

Dans la série *Transparent* (Amazon, 2014), la fille aînée du personnage principal est au départ une mère de famille rangée, qui va expérimenter à peu près toutes les combinaisons sexuelles au fil des saisons. Cette hystérique chroniquement frustrée trouve des arrangements entre adultes, permis par une société qui ne laisse plus la « nymphomane » sur le bord de la route.

Catherine Millet, devenue célèbre pour son exhibitionnisme[2], a fourni le sous-texte de ses pratiques sexuelles à très haute dose. Envahie par la jalousie envers son compagnon, elle sur-baise pour sur-vivre à son angoisse d'abandon (on n'est pas loin de Marilyn Monroe). Aller au-devant de l'abus est pour elle une façon de s'en protéger : se sur-donner pour ne pas se donner ; se défendre du

1. *Éros aux mille visages*, Gallimard, 1996.
2. *La Vie sexuelle de Catherine M.*, Le Seuil, 2001.

désir par l'agir ; court-circuiter la séduction qui réactive la séduction première, celle de la mère. Qui s'est suicidée.

Joyce McDougall, dont l'ouvrage est sous-titré *La Sexualité humaine en quête de solutions*, précise : « De victimes, ces femmes peuvent devenir bourreaux, et l'autre (leur enfant ou l'homme qu'elles aiment) sera à son tour traité comme objet partiel. » Tout est dans « leur enfant *ou* l'homme qu'elles aiment » : un enfant n'aura jamais l'éventuelle liberté de l'adulte de consentir, ou non. Le principe du sadomasochisme est le contrat entre adultes.

Le parcours de Jeanne de Berg, pseudonyme de Catherine Robbe-Grillet, femme d'Alain, permet de mieux comprendre un certain virage sexuel pris par l'hystérie, en deçà ou en dehors des revendications sociales[1]. Plus jeune que Simone de Beauvoir, mais issue du même genre de bourgeoisie désargentée et triste où les filles obtiennent des diplômes sans forcément en faire quelque chose, Catherine Robbe-Grillet a déjà avorté une fois quand elle rencontre Alain, écrivain novateur et encore peu connu. Elle fréquente alors un diplomate avec lequel elle espère faire un mariage de « revanche sociale », mais celui-ci la néglige tandis qu'Alain se montre très assidu, tout en respectant son souhait de ne pas avoir de rapports sexuels (son avortement, clandestin puisque interdit à l'époque, l'a traumatisée).

Après six ans de relation, ils se marient mais alors que Catherine s'attend à consommer enfin le mariage, elle découvre qu'Alain est impuissant. Il était persuadé qu'elle l'avait compris, et tombe des nues devant l'*ingénuité* de sa femme. Ce que Freud appelle la « pudeur féminine », et

1. Catherine Robbe-Grillet, « À vue nue », France Culture, juin 2016.

qui est le signe du refoulement hystérique, lui-même fruit d'une non-éducation sexuelle.

Cette « pudeur » explique le manque de curiosité sexuelle à l'adolescence (« certaines de mes camarades étaient beaucoup plus au fait de ces choses ; moi, je n'avais pas envie de savoir ; je découvrirais plus tard »), l'apparence enfantine (« à vingt ans, j'avais l'air d'en avoir douze »), la dissociation protectrice (« je séparais l'amour et l'argent »), le « flou » entourant le premier rapport sexuel pas vraiment consenti.

« Se sentant affreusement coupable, Alain m'a laissée libre de vivre ma vie sexuelle. Il me demandait de lui raconter, c'était le bonheur : j'avais la liberté de la célibataire et la protection de la femme mariée. » Catherine Robbe-Grillet fait la comparaison avec le couple Sartre-Beauvoir qui, selon elle, se disputait beaucoup. « Simone de Beauvoir ne comprenait pas que je dissocie ma vie sexuelle de ma vie sentimentale. »

Alain lui propose un « contrat de prostitution conjugale » à une époque où le mariage commence à être vu comme une prostitution organisée par les jeunes féministes (notamment la sociologue Christine Delphy, représentant le « féminisme matérialiste » qui pense les rapports hommes-femmes en rapports de classe). Ce contrat prévoit que le mari peut faire, et demander de faire, tout ce qu'il veut à sa femme, mais Catherine refuse de le signer : « J'étais d'accord pour qu'il me contraigne, mais ce devait être à lui de deviner à quel moment s'arrêter. Je n'avais pas à dire oui, un oui et tout le désir part. C'était à lui de savoir. »

Comment mieux exprimer le fait que le désir hystérique n'existe que non dit ? Pendant plusieurs années, le couple fonctionne ainsi, ensemble ou à plusieurs. Catherine est la soumise d'un homme qu'elle appelle

Vincent, «et puis à un moment, j'ai voulu changer», raconte-t-elle. Peu à peu, elle deviendra la dominatrice Jeanne de Berg, organisant des cérémonies sadomasochistes construites comme des saynètes, avec une dramaturgie et un imaginaire issus de son «théâtre privé», qui peuvent provoquer une «incompréhension ricanante» mais sauvent certains du désastre psychique.

Ainsi, la jeune fille hystérique sera allée au bout de la sensation grisante et angoissante d'être objet de convoitise, jusqu'à tirer de ce bloc inerte l'épée de son désir. C'est pour elle la meilleure solution, et elle regrette que d'autres hystériques n'y aient pas accès. Dans *Cérémonie de femmes*, elle fait le récit d'une soirée au cours de laquelle elle incite une amie très belle et «encore jeune» à «oublier cet "encore" qui la mine» en inversant la dépendance. «Pour prêcher l'exemple, je m'adresse au jeune Italien assis entre nous et lui désigne d'un geste mes souliers, de ce geste comminatoire compris par tous les chiens et qui signifie "Aux pieds!".»

Alain disparu, Catherine s'est mise en couple avec une femme. *L'Homme éliminé* est-il l'issue fatale d'un tel parcours? On pourrait le croire au début de la mini-série *Bonding* (Netflix, 2019), où on voit une étudiante en psycho, qui gagne sa vie comme *maîtresse* dominatrice. Abusée dans son enfance, elle se tient farouchement à l'écart des autres, n'a pour tout ami qu'un homosexuel inassumé, et vit avec un soumis, qui paie pour être son esclave domestique. Mal partie pour avoir une vie amoureuse, elle entamera finalement une histoire prudente avec un étudiant aussi «original» qu'elle. Outre cette fin heureuse, la série souligne l'effet réparateur des pratiques sexuelles «déviantes» sur différentes personnalités, par opposition aux pratiques destructrices du détenteur officiel de la normalité : le prof de psychologie, qui se révèle dragueur-abuseur.

Initialement marginales, les pratiques sadomasochistes ont perdu beaucoup de leur sulfure depuis qu'elles ont été popularisées par *50 nuances de Grey*, romance érotique écrite par une femme à destination des femmes. Autopubliée en 2011, la trilogie a été vendue à plus de cent millions d'exemplaires. En 1985, le récit de la maîtresse-dominatrice Jeanne de Berg, *Cérémonie de femmes*[1], faisait figure de reportage underground.

Si l'hystérie peut trouver une issue apaisante dans le sadomasochisme, c'est *parce qu*'il est librement consenti – soit l'exact inverse de *Dangerous Method*, le film de David Cronenberg, qui raconte la relation sadomasochiste entretenue par Jung dans les années 1900 avec une de ses patientes... guérie par sa rupture avec lui. Aujourd'hui, sa mélancolie hystérique aurait davantage la possibilité de se retourner en colère contre l'homme d'autorité qui avait abusé de son pouvoir sur elle.

Quand la femme hystérique peut enfin exprimer ses pulsions

Historiquement, la femme hystérique a fonctionné en binôme avec un puissant, à qui plaire et exprimer sa plainte. Que ce partenaire ait été un homme coïncide avec les fonctions assignées à chaque genre : au masculin, tourné vers l'extérieur, la testostérone et la conquête ; au féminin, assigné à l'intérieur, la douceur et la « joliesse ». Un garçon ne pleure pas, une fille ne crie pas.

1. *Op. cit.*

Dans une société patriarcale, l'hystérique entravée tient le rôle d'amortisseur des pulsions viriles, rappelant à l'homme la tempérance, la bienséance, la mesure... C'est Hera, épouse de Zeus et déesse du foyer, frustrée mais fidèle, râleuse mais soumise, victime et culpabilisatrice mais rassurante et nécessaire. C'est le modèle « maman », dont les dérives potentielles sont occultées par l'idéalisation de la maternité (chez Freud notamment). Idéalisation extrêmement difficile à remettre en question, tant la perversion maternelle heurte les esprits notamment en France. En 1980, *L'Amour en plus*[1], d'Élisabeth Badiner, suscitait d'intenses polémiques en remettant en question l'idée d'un instinct maternel évident, alors que le maternel était un champ d'étude privilégié de la psychanalyse anglaise depuis un demi-siècle. Quant au livre référence d'Estela Welldon sur la maternité perverse *Mother, Madonna, Whore*, paru en 1989 il n'a pas été traduit en français à ce jour.

Contrepoint de ce modèle de maman issu des rêveries infantiles, la putain relève plutôt des fantasmes adolescents. C'est Carmen – « l'amour est enfant de bohème, il n'a jamais connu de loi » – qui rend l'homme fou – « si je t'aime, prends garde à toi... » – et va surtout mal finir elle-même. C'est la femme libre, socialement dangereuse car excitant les pulsions viriles au lieu de les canaliser. En revendiquant son désir contre l'extincteur (ou le bâillon) patriarcal, de manière agressive autant que de besoin, son féminisme a fait d'elle l'Hystérique : vindicative, fatigante, pas sexy, gouine, égoïste, irresponsable... L'androcentrisme l'a rendue impensable comme mère, de même que la maman l'est comme amante.

De cette prison identitaire résulte la difficulté particulière de l'hystérie féminine à élaborer son agressivité.

1. Flammarion.

Freud considérait le Surmoi, instance de l'Interdit responsable de la névrose hystérique, insuffisant chez les femmes. Selon lui, sa part protectrice (bienveillante) était écrasée par sa part critique (intransigeante, accusatrice), à cause de la tendance de la fille à réprimer son agressivité et à la retourner contre elle. Le Surmoi étant le reflet de la Loi, sa version féminine écrasante n'est-elle pas le signe de l'assignation des femmes à la douceur, l'humilité, la modestie ? De la condamnation de leur désir ? Il ne suffit pas qu'elles se sentent autorisées à l'exprimer pour ne plus être des proies. Comme le souligne l'essayiste Belinda Cannone, il faudrait aussi accepter de « renoncer à cette bienheureuse passivité qui nous met à l'abri de la blessure narcissique menaçant toujours celui qui prend le risque de se proposer[1] ». Autrement dit renoncer à l'hystérie...

L'époque actuelle le permet aux femmes qui le souhaitent.

La grande amoureuse est-elle un Don Juan ou une hystérique ?

Catherine Chabert voit dans le personnage de Don Juan, qui se décline aujourd'hui au féminin, une façon de soigner l'hystérie : « La multiplication des conquêtes amoureuses maintient le désir en éveil et éloigne le risque non seulement d'être confronté à la perte d'amour, mais même de se poser la question d'être aimé[2]. » Cette illusion d'autosuffisance met à l'abri de la frustration… et la rejette

1. *Le Monde*, 9 janvier 2018.
2. *L'Amour de la différence*, *op. cit.*, p. 142.

sur l'autre. Mais ce déséquilibre n'est pas fatal, et certains couples trouvent leur équilibre dans un donjuanisme à deux, comme l'une de mes patientes, qui avait rencontré son ami dans un club échangiste et avait vécu avec lui des années de libertinage heureux. Arrivée à 35 ans, elle voulait fonder une famille, ce qui pour elle signifiait arrêter l'échangisme. Son ami ne pouvait s'y résoudre : malgré leur amour, elle l'avait quitté.
Outre l'« homme démultiplié », que les sites de rencontres offrent à volonté à l'hystérique, celle-ci a à sa disposition toutes sortes de substituts au masculin faillible, qu'elle peut ainsi épargner de sa frustration culpabilisatrice. « Homme reconstitué », « homme augmenté »... La série *Real Humans* (2012) montre des robots humains mâles dotés d'un pénis, qui vivent en couple avec des femmes. Plus prosaïquement, le marché des sex toys a explosé pendant le confinement du printemps 2020, attestant d'une demande sinon assumée du moins admise.

La question du plaisir féminin décomplexé semble donc acquise, sinon réglée. Reste celle de la procréation.

Quand le viril éliminé fait une hystérique contrariée

La princesse des contes attendant son prince charmant est, comme déjà dit, une posture hystérique archétypale inlassablement dénoncée par les féministes en tant que réduction insupportable de la femme à l'attente passive, dont l'issue heureuse est un statut de «pondeuse» («ils eurent beaucoup d'enfants »). Construction de genre ou non, cette posture existe jusque dans les Ehpad, et se l'interdire peut rendre certaines princesses très malheureuses. Comme Anne, 69 ans, qui en parait quinze de moins et dont la tenue passe-partout contraste avec un évident besoin de séduire.

Anne consulte parce qu'elle est déprimée, qu'elle a des troubles du sommeil, de la digestion, de la mémoire... Son état s'est aggravé depuis qu'elle a dû faire mettre sa « vieille mère » sous tutelle, au terme d'une grosse dispute avec sa sœur.

Visiblement habituée aux psys, elle expose spontanément son contexte familial : une lignée matriarcale redoutable, composée d'une grand-mère « tyran domestique », d'une mère divorcée à 30 ans et jamais remariée, et de deux filles, Anne et sa sœur, célibataires et sans enfant. Leur père vit à l'étranger et a été peu présent dans leur vie. « On a été élevées dans la haine de l'homme », précise Anne.

Priée d'être première à l'école, elle a fait de brillantes études et une belle carrière dans l'audit : des années passionnantes mais stressantes, « il fallait toujours être au top ». La joie, l'enthousiasme n'avaient pas court dans sa famille, et Anne dit d'elle-même qu'elle s'est « ossifiée, rigidifiée ». Son seul plaisir consiste à s'acheter de beaux vêtements et des livres « car c'est autorisé ». Mais cette « compensation émotionnelle » ne suffit pas : « Je ressasse, je rumine. » Et autant le dire tout de suite, les sorties et les hommes, non, elle n'en a pas envie.

Le récit de sa vie amoureuse fait alterner des moments violents, quand elle évoque son refus physique de maternité, et d'autres de désarroi, au souvenir de son grand amour avec un homme marié. Anne ne me fait pas l'effet d'une femme affranchie ayant délibérément choisi de ne pas avoir d'enfant, mais plutôt d'une hystérique poussée au phallisme sans pouvoir s'y épanouir puisque le masculin est repoussoir. Finalement, l'ambition professionnelle aura été le seul désir permis, et exclusif de tout autre. Mais Anne n'est même pas fière du résultat : un bon job, certes, mais rien d'extraordinaire. Et au prix de beaucoup de pression. Depuis qu'elle a pris sa retraite, elle apprécie d'avoir du temps pour aller au ciné, dormir, lire, voir des amies.

Hystérique contrariée – comme on parle d'un gaucher contrarié –, Anne aurait besoin qu'on s'occupe d'elle, or la vulnérabilité de sa mère la met au contraire dans le rôle de mère de sa mère (soit sa grand-mère tyran). La dispute avec sa sœur cadette l'achève : elle ne veut plus, ne peut plus être l'aînée cheffe de famille. Elle se sent vraiment très mal, a perdu toute énergie, pleure pour un rien. Je parle de début de dépression. Elle retrouve le sourire pour relater avec humour son parcours de combattante dépressive, errant d'homéopathe en naturopathe et rhumatologue, sans que ça aille mieux. Puis elle précise : « Le symptôme je m'en fiche, ce que je veux, c'est savoir la cause. » L'inverse de ce que disent la plupart des patients, qui veulent avant tout aller mieux, mais Anne surinvestit son cerveau dans une lutte défensive contre le *laisser aller* – la passivité qui la mettrait à la merci de l'autre, au risque de *se faire avoir*.

Elle me dresse une liste sarcastique de ses précédentes thérapeutes – que des femmes : « une freudienne, mais je ne suis pas en manque de pénis ; une jungienne, mais je n'étais pas assez intéressante pour elle ». Je la sens sur le qui-vive, choisissant précisément chaque mot, épiant mes réactions comme pour mieux s'y adapter, me plaire.

Elle est venue pour être *prise en charge*, *se reposer* sur quelqu'un, mais s'en défend en même temps. Elle cherche à faire alliance en me demandant mon avis sur tel ou tel livre, mais son besoin de briller m'agace un peu. Je comprends sa vulnérabilité sous-jacente, mais vais-je avoir la patience de l'amener à baisser la garde ? Je lui suggère de noter ses rêves.

Au second rendez-vous, je sens Anne très mal à l'aise. Elle me demande à plusieurs reprises si on peut changer – si elle peut changer. À mon tour d'être mal à l'aise, car j'aurais envie de dire oui, mais son besoin de contrôle ne me rend pas optimiste. Elle me parle de médecine douce, de naturopathie. Je traite par l'ironie cette bobologie indigne d'elle (de la hauteur qu'elle donne à voir d'elle), alors qu'elle s'efforce probablement de contourner un Surmoi trop sévère par ces médecines indulgentes.

La veille du troisième rendez-vous, Anne m'appelle pour annuler, amère : « Vous ne savez rien de la naturopathie ; vous pensez qu'on ne change pas ; je n'ai pas envie de revenir. »

Anne avait hérité d'un monde sans prince, légué par sa mère bafouée et sa grand-mère fielleuse. À presque 70 ans, elle voulait au moins rêver, mais sa terreur de l'abandon continuait à lui interdire l'abandon hystérique. Je n'étais pas celle qui l'aiderait.

L'enfant phallus, (mauvais) remède à l'hystérie

Le garçon utilisé comme bras armé par sa mère est un classique de l'époque où les femmes n'avaient ni existence politique ni espace d'épanouissement personnel et sexuel.

Catherine de Médicis, mère de François II, Charles IX et Henri III, Marie de Médicis, mère de Louis XIII, Anne d'Autriche, mère de Louis XIV : toutes ces reines-mères veuves ont été honnies, parce qu'elles ont voulu sortir de l'ornière hystérique du désir entravé en agissant à travers leurs fils.

Dans *La Promesse de l'aube*, Romain Gary décrit sa mère (comédienne) ayant jeté sur lui tous ses espoirs déçus. Sa frustration prend l'enfant en otage d'un désir adulte empêché, brouillant la construction du Moi du petit garçon : s'il pense différemment, est-il méchant ? S'il n'est pas à la hauteur, cessera-t-il d'être aimé ? Gary comblera tous les vœux de sa mère (y compris ceux qu'il a pu se raconter), ne cessera de changer de nom et d'identité, et trouvera dans l'écriture de fictions comment à la fois exister et échapper à lui-même.

Dans *Britannicus*, de Racine, Néron sait qu'il doit se dégager de sa mère Agrippine s'il veut être pleinement reconnu comme empereur – Louis XIV, protecteur de Racine, avait dû remettre sa mère régente à sa place lorsqu'il était devenu roi. La tâche est d'autant plus dure qu'Agrippine est « pleine de « bonnes intentions ». Dans un long monologue véhément, elle retrace les bassesses et les crimes qu'elle a dû commettre pour que son fils accède au trône. Ce à quoi il répond froidement :

Je me souviens toujours que je vous dois l'Empire [...]
Aussi bien ces soupçons, ces plaintes assidues
Ont fait croire à tous ceux qui les ont entendues
Que jadis (j'ose ici vous le dire entre nous)
Vous n'aviez, sous mon nom, travaillé que pour vous.

Après la plainte, Agrippine tente la séduction. Néron accède à sa demande d'être lavée publiquement du soupçon de comploter contre lui : il espère qu'une certaine distance s'installe entre eux. Mais en faisant de son fils le prolongement d'elle-même, Agrippine a occulté qu'un jour il pourrait exister par lui-même. Ce jour est arrivé : la fusion est terminée. Renvoyée à son néant d'origine, Agrippine voit dans la mort l'ultime façon d'exister encore, par l'emprise.

> *Ne crois pas qu'en mourant je te laisse tranquille.* [...]
> *Tes remords te suivront comme autant de furies.*

Sans atteindre ce paroxysme de « maternité perverse », certaines femmes hystériques espèrent dans la maternité l'extinction d'une frustration indépassable. Celles qui investissent l'enfant d'une mission de réparation et l'envahissent de leur Moi avant même sa naissance se heurteront plus ou moins rapidement à la réalité d'un être humain *autre* qu'elles, comme Agrippine.

Ou comme Sandrine, 30 ans, venue consulter après une chirurgie bariatrique[1] – pratiquée dans le privé pour éviter le protocole psy – qui lui a fait perdre à peine dix kilos et risque de la tuer si elle continue à manger comme avant. Sandrine, c'est l'histoire d'une petite fille trop gourmande (pas que, bien sûr, mais son histoire serait trop longue à rapporter), qui n'aurait jamais dû commencer un régime et dépassait, à 25 ans, les 140 kilos pour 1,60 mètre. Elle rencontre alors son mari, qui l'aime comme elle est, perd du poids pour entamer une grossesse, descend à 90 kilos,

1. Intervention visant à réduire la taille de l'estomac, par la pose d'un anneau gastrique par exemple, dans le but de diminuer l'obésité.

tombe enceinte. « Là je me suis lâchée », dit-elle. Depuis l'accouchement, elle n'a pas réussi à perdre les kilos accumulés, d'où l'opération.

Tout au long de l'entretien, un léger sourire flotte sur les lèvres de Sandrine, qui semble étrangère à ce qu'elle raconte. Ce corps, cette opération, ces kilos... est-ce vraiment elle ? Je lui demande comment se passe l'alimentation de son fils, âgé de 2 ans. Le sourire s'élargit, proportionnel au malaise : « Depuis qu'il est né, il mange très bien, ça me fait plaisir... Parfois je le gave un peu trop... je ne peux pas m'empêcher. Mon mari m'engueule... Une fois, mon fils a vomi parce que je l'avais forcé à manger. »

Je m'apprête à faire une morale discrète à cette « mère abusive », qui met à l'épreuve ma neutralité bienveillante, quand elle dit spontanément qu'elle sait que ça ne va pas. Je lui suggère de laisser un peu plus l'enfant à son père. « C'est ce que je fais », répond-elle d'une façon poignante. Sandrine a un manque de confiance en elle qui remonte à si loin et s'est nourri de tant d'échecs, qu'il paraît impossible à égratigner. Son fils est tout ce qu'elle possède : son mari, elle se demande tous les jours pourquoi il est avec elle ; son travail (chauffeuse de bus), elle ne peut plus l'exercer ; les amis, elle n'en a qu'une, qui vit en province. Sandrine n'a que la nourriture et son fils pour lui rappeler qu'elle existe. Elle ne séduit pas, ne se plaint pas, elle vit à côté d'elle-même. La dissociation hystérique est telle que son corps ne lui appartient pas. Pas plus que Sandrine, son fils n'a *un corps à soi*. Deviendra-t-il plutôt Néron, ou plutôt Simon, fils trop docile d'une mère juive intrusive dans *Un éléphant ça trompe énormément* ? Parviendra-t-il à exister en s'appuyant sur son père ?

Même *successfull*, une femme peut projeter sur son enfant des capacités de réalisation dont elle s'estime dépourvue. S'agit-il d'un schéma psychique transcendant la révolution féministe, ou d'une persistance historique qui a vocation à se replier ? Je n'ai pas la réponse.

La parthénogénèse[1] : vers la fin de l'hystérie féminine ?

Le patriarcat a joué, et joue encore, un tel rôle dans l'hystérie féminine – sa construction, sa réalité, sa persistance – que se passer des hommes peut apparaître, en dernier recours, comme la seule solution. Le cas d'Anne en montre les limites, mais si Anne avait 20 ans aujourd'hui elle ne serait pas obligée de rejeter si douloureusement sa féminité pour s'affirmer, et pourrait s'autoriser *un peu* d'hystérie (se plaindre que son amant marié ne l'ait jamais choisie, au lieu d'affirmer que de toute façon elle ne voulait pas d'enfant; assumer son goût pour les vêtements séduisants; avouer sa dépendance au regard d'autrui...).

Les progrès de l'égalité hommes-femmes et de l'acceptation du plaisir sexuel féminin ne font pas disparaître l'hystérie féminine, ils l'apaisent : le conflit entre désir et interdit s'atténue, la plainte devient action et tout ne repose plus sur la séduction. Mais cette révolution se fait dans la douleur. Déjà dans les années 1970, le découragement face à l'ampleur de la tâche amenait certaines féministes à jeter l'éponge de l'hétérosexualité. Depuis #MeToo, le lesbianisme apparaît à nouveau comme la seule solution réellement solide pour survivre aux abus

1. Reproduction sans fécondation (sans apport mâle).

sexuels d'hommes puissants. D'autant qu'elle est mieux assumée, mieux acceptée. Mais cette préférence ne se décrète pas, elle est avant tout choix intime, personnel, et les rapports de domination, d'abus, d'hystérie peuvent évidemment se retrouver entre femmes.

Reste la question de la reproduction, qui a « justifié » l'hystérie féminine depuis son origine et la « protection » des hommes en découlant. En rendant cette reproduction possible entre femmes, la science met à terre cette construction. La femme hystérique dépendante de son appareil génital, lui-même dépendant du bon vouloir masculin, n'existe plus. Non seulement « on n'a plus besoin d'eux » pour faire des enfants, mais avec la congélation des ovocytes, c'est « quand on veut ».

L'accélération de l'Histoire s'observe à travers la façon dont, génération après génération, les femmes intègrent cette révolution. De tout temps, des femmes ont fait des enfants toutes seules, malgré elles (les reines citées plus haut étaient là pour ça et rien d'autre), ou par choix inconscient (l'homme n'étant pas investi dès le départ dans la paternité). La maternité venue, l'homme devenait de trop et le couple un jeu de dupes, avec à la clé beaucoup de souffrances retombant sur l'enfant. Avec la PMA pour toutes, les choses sont plus claires : l'homme n'est pas sollicité pour un rôle qu'il n'a pas envie de jouer, l'enfant à naître est désiré sans réserve. Dépossédé d'un pouvoir qu'il n'exerçait pas toujours, l'homme se sent soudain inutile et les hystériques « traditionnelles », qui ont besoin de le croire indispensable en souffrent.

Entre ces deux époques, les femmes homosexuelles qui n'avaient pas accès à la PMA ont continué à « faire comme si ». Parmi elles se trouvent des victimes d'abus, comme

Maude dont l'hystérie traumatique se traduit par une addiction sévère, qui l'amène à consulter.

«Je suis alcoolique», m'annonça-t-elle en ouverture de sa première séance. Présentant un curieux mélange d'apparence très classique et de paroles poliment transgressives, Maude m'expliqua que l'alcool avait commencé en école de commerce, quand elle était seule dans son studio sur le campus, loin de son amoureuse. De cette époque datait sa dissociation entre une Maude donnant le change, et une autre cachant son homosexualité. De retour chez ses parents à la fin de ses études, elle avait continué à boire la nuit dans sa chambre, espérant que ça s'arrêterait quand elle quitterait le domicile parental. Mais elle venait d'emménager chez elle et ça n'avait rien changé. La seule différence, c'est qu'elle écumait maintenant les bars – des bars de filles, précisa-t-elle – où elle enchaînait les coups – je me demandais si elle parlait de verres ou de filles. Le problème, c'est qu'elle n'était plus étudiante. Elle démarrait une carrière d'inspectrice des impôts et ne pouvait plus se permettre de boire autant.

Fille unique d'un couple bourgeois, Maude raconta au cours de cette même séance avoir été violée à 8 ans par un garçon de dix ans plus âgé qu'elle. Elle n'avait jamais parlé de ce viol à ses parents, et n'en avait d'ailleurs parlé à personne jusqu'à sa copine actuelle, qui lui avait conseillé de voir un psy. «C'est une fille super, je l'aime beaucoup», précisa Maude, avant d'ajouter avec un sourire un peu goguenard : «Elle veut m'aider.»

Elle avait fait son coming out récemment, grâce ou pour cette fille-là, mais il n'était pas encore complètement acquis dans sa tête. Maude avait été très secouée par la réaction de ses parents, plus soulagés que surpris :

«Je pensais que ça leur ferait de la peine, je suis leur petite fille.»

Les mois qui suivirent furent consacrés à son alcoolisme – les habitudes, les moments déclencheurs, les émotions... – en même temps qu'à l'exploration de son enfance, marquée par un avant-après viol. L'addiction de Maude avait débuté entre quatre murs de solitude, cadre propice à réactiver son état d'abandon émotionnel infantile. Petite, elle avait souvent entendu ses parents le soir, dans la chambre mitoyenne de la sienne, se disputer puis faire l'amour – souvenir qu'elle qualifiait de «très désagréable». L'ancienne petite fille parfaite, auditrice passive et complice malgré elle de scènes crues, puis victime, s'activait à oublier la génitalité des adultes qu'elle avait dû subir – le viol avait été d'une brutalité particulièrement atroce. Un verre de vin, la bouteille, puis de l'alcool fort pour provoquer le black-out : Maude ne se donnait pas en spectacle comme une hystérique à l'ancienne ; elle terrassait son corps pour le faire taire. Cette hystérie par l'agir, et non par la plainte, signait un traumatisme que le refoulement du souvenir ne suffisait pas à maintenir hors de la conscience. L'angoisse non canalisée en symptômes somatiques, il fallait recourir aux grands moyens pour la calmer. Alcool, drogues, alimentation, sexe, jeu... : tout peut être bon à prendre pour s'abrutir.

Maude avait parlé de son amour des femmes : sa cheffe, son adjointe..., elle craquait facilement. J'eus l'impression qu'elle affichait son homosexualité comme pour éliminer son incertitude sexuelle, mais elle me corrigea : elle n'avait connu «l'explosion des sens» qu'avec des femmes, et si elle surjouait le lesbianisme, c'était parce qu'elle avait du mal à l'assumer.

Le récit de son histoire avec son amie s'était fait plus tendre : «Je voudrais juste m'allonger à côté d'elle et dormir. C'est la présence de quelqu'un dans mon lit qui me manque le plus. Ma mère n'est pas tendre et elle n'a aucune conversation. C'est avec mon père que je parle, je l'adore. Il est fier de moi et prend ma défense quand ma mère m'attaque.» À mesure que nous abordions les relations maternelles, froides et décevantes, Maude devenait instable et agressive. Elle manquait des séances sans prévenir, somatisait (coliques, maux de tête), multipliait les «crush» d'un soir au point que son amie la quittât. Elle conduisait en état d'ivresse, se mettait en danger. «L'idée de sauter par la fenêtre m'excite», me dit-elle un jour. Le boulot la stressait : elle était en retard sur tout, n'arrivait pas à se concentrer, pas à «donner le change». Pressée par sa cheffe de dire ce qui n'allait pas, elle lui déballa tout, un jour de désarroi : la bisexualité, la thérapie, nos échanges...

Je lui fis remarquer que c'était à sa cheffe de lui donner moins de travail, pas à elle de porter l'intégralité de la «faute». Et que c'était à ses parents qu'elle devait dire sa souffrance, pas à ses chefs. Elle avait choisi un métier où elle défendait la Loi : c'était à elle de s'imposer contre la loi parentale du silence. À défaut de la transgresser, elle buvait : cette autopunition l'accablait encore plus. Je l'encourageai à se laisser aider par le collègue empathique et protecteur dont elle partageait le bureau.

Elle entama finalement une aventure avec lui, mais restait incrédule : comment pouvait-elle plaire à un homme aussi beau et sympa ? «C'est plus facile avec les filles, parce que avec les hommes j'ai l'impression de ne pas être à la hauteur du schéma belle, féminine, etc.» Bien sûr, Maude était belle et féminine. «Je vais systématiquement vers des filles phalliques et affirmées, même moches», précisa-t-elle. Alors qu'elle s'entendait sexuellement de mieux en mieux avec son nouvel amoureux, elle continuait à dire : «Tout ça n'est pas normal.» Elle n'avait pas «la petite flamme», mais cette relation la stabilisait, elle n'avait plus envie de boire. «Je sens qu'il pourrait me permettre de recoller un peu mes différents morceaux.»

Après une période d'abstinence elle se mit à boire en cachette de son ami, pour «ne pas hurler». Elle se jugeait enfoncée dans le marginalisme comme sa mère dans le conventionnalisme, et se soûla un soir jusqu'au coma, à la suite de quoi elle revint douloureusement sur le viol dont elle donna les détails sordides. Toute sa famille devint soudain écœurante : sa mère «pitoyable», mais aussi son père et son frère, «des caricatures d'hommes, le genre à dire on n'est pas des pédés». Elle écrivit une nouvelle où il était question de deux filles symbolisant chacune une partie d'elle : la pulsion de vie, soutenue par la provocation et la révolte; le laisser-aller à une soumission mortifère.

Le laisser-aller prit le dessus, et Maude pleura plusieurs fois longuement dans les bras de son ami après avoir joui. Peu après elle le présenta à ses parents, à qui elle dit qu'elle voyait une psy. Elle arrêta de boire, mais se mit à avoir des accès de violence contre moi, contre le boulot, contre son «mec qui fait comme s'il ne voyait pas que j'aime les filles». Après six mois de thérapie, elle disparut du jour au lendemain.

Six ans plus tard, Maude a repris rendez-vous. Trentenaire épanouie, elle fait une belle carrière et a eu deux enfants avec celui qui est devenu son mari. Elle dit que la maternité est la plus belle expérience de sa vie, et qu'elle aurait tout pour être heureuse, mais... elle est retournée dans les bars de filles et a commencé une aventure. Son mari l'a su, c'est le drame. Pourtant il savait depuis le départ. Il espérait sans doute... Maude sent qu'elle ne va plus pouvoir tenir longtemps comme ça. Elle aime ses enfants plus que tout au monde MAIS elle est homosexuelle.

Je réalise qu'en épousant un homme Maude s'est reniée. On peut dire qu'elle a payé cher sa loyauté au fantasme de «petite fille parfaite» de ses parents, mais aussi que son mari a comblé sa carence de tendresse maternelle (par sa contenance et en la rendant mère). Son hystérie apaisée, il ne lui reste *plus qu'à* vivre l'amour.

Maude a la quarantaine aujourd'hui. Coincée entre la génération d'Anne et celle des filles nées au tournant du XXIe siècle, elle a apaisé un temps les séquelles hystériques de son viol (alcoolisme; comportements à risque) en faisant d'un homme pas vraiment désiré la figure paternelle protectrice, bienveillante (et un peu aveugle...) qui lui a manqué. Mais l'abandon émotionnel vécu pendant et après le viol, qu'elle a tu, implique aussi sa mère. Avoir des enfants avec une femme, comme ce serait aujourd'hui possible et à supposer qu'elle ait pu l'assumer vis-à-vis de sa famille, l'aurait-il plus durablement guérie ? La suite de l'Histoire, écrite par d'autres femmes, le dira.

Vulnérabilité dans le cadre du soin : le risque pour l'hystérique

La procréation médicalement assistée

L'émergence des femmes gynécologues après la guerre a contribué à accélérer le règlement du dramatique problème des avortements clandestins. Leur combat s'est concentré sur la légalisation de l'IVG, laissant à leurs collègues masculins l'exploration de la procréation médicalement assistée. L'histoire du docteur Hazout, star française de la PMA des années 1980 à 2000, montre dans quelle folie de toute-puissance cette nouvelle révolution a emporté (au moins) l'un d'entre eux.

Ce médecin, dont j'avais suivi une patiente, avait des taux de réussite exceptionnels qui lui valaient une clientèle internationale, attendant de lui des miracles. Les femmes, les couples en mal d'enfant s'en remettaient à lui comme au Messie.

Radié de l'ordre des médecins en 2013 pour avoir abusé « de l'autorité que lui conféraient ses fonctions » en s'en prenant à « des personnes qu'il savait particulièrement vulnérables », il a été condamné en 2014 à huit ans de prison pour viols, avec interdiction d'exercer. La première plainte datait de 2005. L'année suivante, son collègue et ami le professeur René Frydman, appelé couramment « le père du premier bébé-éprouvette » (qu'en pense son vrai père ?), le décorait de la Légion d'honneur. Appelé au procès, Frydman admettra avoir eu connaissance de « rumeurs » mais d'aucun « élément concret ». A. Hazout, grand-père de 70 ans, admettra quant à lui des rapports sexuels consentis, attribuant les accusations à son « attitude familière, extravertie et conviviale », réalisant le mal fait « sans le vouloir » et demandant pardon « à ces femmes, à [son] épouse et à [ses] pairs ».

Le premier signalement à l'Ordre des médecins remontait à 1985. Tout le milieu médical savait, notamment les sages-femmes et infirmières, qui n'échappaient pas à sa prédation, mais elles tenaient à leur job, et puisque les patientes continuaient à lui faire confiance... Il leur promettait de leur « faire un enfant », les embrassant et les gratifiant d'attouchements plus ou moins prononcés, de propositions ou carrément de rapports sexuels (bien sûr non protégés puisqu'il s'agissait qu'elles tombent enceintes).

Les victimes ont toutes raconté la même histoire. Leur couple éprouve un désir d'enfant, mais la femme se sent « fragile, seule face à la lourdeur du traitement » de la fécondation *in vitro* et à un conjoint qui a parfois du mal à la comprendre. Elle est « subjuguée » par ce médecin « à la voix chaude, rassurant » voire « très aimant », abusant, selon le procureur général, de son « ascendant psychologique » face à des patientes « dans un état de vulnérabilité ».

« Sous son influence », certaines disent avoir cédé à ses avances et parlent d'actes consentis, même si elles n'étaient pas demandeuses. Une « belle indifférence » hystérique ? D'autres parlent de viols, parfois sur la table de gynécologie où elles étaient allongées, sans oser se rebeller.

L'emprise, c'est une suggestion au service de celui qui suggère.

Ce cas extrême illustre l'empressement, en l'occurrence pervers, de la médecine à prêter « assistance » à des femmes en mal de procréation, chez lesquelles les examens médicaux pratiqués n'ont parfois détecté aucun dysfonctionnement organique – une forme hystérique de résistance du corps à la maternité ? Un cabinet médical est un huis clos, et dans la salle d'attente de A. Hazout, une affichette ludique ordonnait : *Trust me, I'm a doctor !*

La patiente que j'avais suivie exigeait que son mari soit présent aux consultations. Il était là pour la première, mais lors de la deuxième où il était absent, sa femme n'avait pas apprécié la familiarité de son médecin. Elle n'était plus jamais venue sans son mari, mais reconnaissait que le protocole avait marché à une rapidité incroyable, après des années d'errance avec d'autres gynécologues.

C'est l'élément troublant, dans le cas Hazout : son taux de réussite exceptionnel. La suggestion fonctionnait-elle au bénéfice *aussi* des patientes ? Ce qui expliquerait qu'elles aient accepté que le médecin en *profite*. Le film *Augustine*[1] montre l'intérêt mutuel médecin-hystérique dans leurs exhibitions médicales. Comme au cirque, le magicien coupe sa partenaire enfermée dans une boîte en morceaux : à la fin elle est entière, et c'est lui qu'on applaudit. La PMA serait-elle (ou aurait-elle été) l'un des derniers prés carrés de ce couple ?

Malgré des dizaines de signalement à l'Ordre des médecins pendant vingt ans, il aura fallu qu'une victime non seulement porte plainte mais se fasse entendre dans les médias pour que s'inverse la charge de la preuve. Ce qui n'a pas empêché de nombreuses patientes de défendre publiquement leur « grand docteur » contre ces « ingrates[2] ».

Les troubles des conduites alimentaires

La gastro-entérologie est un autre domaine où règnent le huis clos et l'abus thérapeutique pour les patientes qui sont dans le déni de leurs troubles des conduites alimentaires (les patients hommes consultent plutôt des endocrinologues). Les hystériques y sont particulièrement vulnérables en raison des soubassements de leur pathologie : dépendance à la conformité, vue comme la seule façon d'être aimée et d'exister ; survalorisation d'une esthétique abstraite aux dépens du ressenti affectif ; mise en scène du corps ; contagion mimétique *via* les réseaux sociaux...

1. Voir première partie, p. 69.
2. *Elle*, janvier 2014.

Combien d'entre elles subissent de multiples examens inutiles, prescrits et pratiqués par des médecins sauveurs et/ou cyniques, qui rappellent les médecins courtisant les vaporeuses du XVIIIe siècle – contre lesquels s'insurgeaient leurs collègues moins complaisants, exactement comme aujourd'hui.

Ces exemples montrent combien le soignant doit redoubler de vigilance avec les patients hystériques, qui donnent volontiers à « leur » médecin l'impression d'être le roi ou la reine du monde. J'en ai fait l'expérience lors de ma formation à l'hôpital, où j'avais suivi Nathalie. Cette mère de famille anorexique-boulimique s'était séparée de son mari pour vivre une passion avec une femme, dont elle venait de se séparer après plusieurs années de relation extrêmement houleuse. Hospitalisée à sa demande pour une cocaïnomanie mettant en danger ses enfants, Nathalie s'était confiée à moi de manière très rapide, intime et exclusive – je le réalisais lors du staff hebdomadaire, où j'apportais des éléments de sa vie que j'étais la seule à connaître. La fin de l'hospitalisation approchant, Nathalie avait demandé à continuer à me voir à sa sortie. À l'époque stagiaire, je n'avais pas encore le droit d'exercer, mais elle avait insisté auprès de ma superviseuse pour être suivie par moi et personne d'autre. J'avais peu d'expérience du transfert, mon orgueil était flatté. Pensant bien faire, je lui avais envoyé un SMS pour lui proposer un rendez-vous téléphonique. Elle n'avait pas donné suite, et un an plus tard j'apprenais par ma remplaçante stagiaire qu'elle avait été de nouveau hospitalisée, dans un état dépressif sévère. C'était cette fois de la cheffe de clinique qu'elle s'était éprise. Affectée à un jeune psychiatre rigide, son état s'était notablement amélioré. Peut-être avait-elle retrouvé avec lui le cadre de ses années de mariage qui étaient, selon elle, les seules stables de sa vie.

À la fin des années 1980, le psychiatre Lucien Israël (1925-1996) déclarait que « l'hystérie est ce qu'elle a toujours été : un bastion de résistance au bonheur du masculin, le tout en langage poétique ». Bastion de résistance au soignant (investi du pouvoir de soigner), certes, mais ni spécialement masculin, ni en langage spécialement poétique. Cet androcentrisme occulte non seulement les patientes homosexuelles, mais aussi les patients hystériques[1], qui présentent les mêmes caractéristiques que leurs homologues féminines : séduction, sexualisation de la relation thérapeutique, « résistance au bonheur du féminin », etc.

Si l'on oublie un moment le point de vue du médecin pour prendre celui de l'hystérique, c'est à son propre bonheur qu'il·elle résiste, et son « langage poétique » (allumeur, pourrait-on dire) s'adresse avant tout à elle-même.

1. Voir quatrième partie.

3

Déconstruire l'hystérie comme élément de l'identité féminine

De sujet de disputes entre médecins, l'hystérie serait-elle devenue au XXe siècle une pomme de discorde entre féministes ? Le féminisme différentialiste en a fait l'étendard de la spécificité féminine, avant qu'un féminisme plus universaliste s'impose dans les années 1980, où l'hystérie disparaît de la psychiatrie. Avec la remise en cause de la notion de genre à la décennie suivante, l'hystérie n'aurait plus de raison d'exister. En réalité, dépouillée de sa robe de princesse, elle est à l'os de son principe de séduction.

L'hystérie, étendard du féminisme : l'égalité par l'affirmation de la différence

Le féminisme d'après-guerre est imbibé d'une économie, d'une littérature, d'une médecine, d'une politique... pensées par des hommes, comme le montre Simone de Beauvoir dans *Le Deuxième Sexe*, paru en 1949. Les féministes d'alors sont des intellectuelles, qui ont été formées à la psychanalyse sur laquelle règne un couple très hétéronormé : Jacques Lacan, pour la théorie s'adressant aux adultes, Françoise Dolto pour la clinique des enfants.

Or que dit Lacan ? Que pour être « signifiant », c'est-à-dire représenter quelque chose dans le langage, il faut pouvoir être « signifié », c'est-à-dire montré aux yeux du monde. Le sexe féminin n'étant pas anatomiquement visible, contrairement au pénis, la féminité relève du « non signifiant ». De là l'aphorisme célèbre « la Femme n'existe pas[1] ».

À l'époque, l'anatomie du sexe féminin était pourtant déjà enseignée à la fac de médecine, et des sculpteurs commençaient à le représenter en 3D. Lacan lui-même était possesseur du fameux tableau de Courbet *L'Origine du monde* représentant un sexe de femme vu de face entre ses jambes. Mais sa formule choc disait une réalité dont on peine à sortir (d'où les travaux de l'urologue Helen O'Connell sur le clitoris[2]).

Son phallocentrisme lui permet de régner sur une psychanalyse figée... avec des hystériques pour partenaires dialectiques. Assignées au « rien », Catherine Clément, Hélène Cixous, Luce Irigaray... font elles aussi leur « retour à Freud », qui avait reconnu dans le mystère du corps hystérique le mystère d'un corps *parlant* pour sa propriétaire bâillonnée. L'hystérique devient l'emblème de la femme qui sait, vit, ressent, plus qu'il ne lui est donné d'exprimer, une femme muselée au point d'avoir perdu l'usage de la parole. Celle de la classe moyenne qui crève de mélancolie entre les quatre murs de sa jolie maison, comme dans le film *The Hours* où une Bovary de banlieue américaine des années 1950 quitte son mari et ses enfants du jour au lendemain pour partir vivre sa vie, seule.

---

1. Freud projetait sur les petites filles sa propre ignorance infantile du vagin ; Lacan donne une version catholique de l'affaire, le symbole-sexe nécessitant un objet-sexe pour prouver son existence (tel Dieu s'incarnant en Jésus).

2. *Cf.* p. 173.

La provocation du mâle dominateur a pour effet la réaction « hystérique » des élèves féminines de Lacan. Le 1er mai 1972, son assistante Catherine Clément organise une rencontre sur la violence contre les femmes au cours de laquelle le public se revendique unanimement hystérique, mais cette contre-provocation alimente le stéréotype qui les dessert – selon un principe de psychologie sociale, démontré depuis, qui veut que les croyances sur leur groupe d'appartenance soient intériorisées et donc véhiculées par ceux qui en font partie.

Plus subversive et novatrice, Luce Iragaray fait l'hypothèse, dans *Speculum : de l'autre femme*[1], en 1974, que la langue commune est une langue faite par des hommes, et que c'est un sujet unique, le sujet masculin, qui a créé le monde dans une perspective unique. La vérité comme une et unitaire, l'inexistence du multiple, l'illusion de la complémentarité des contraires sont autant de symptômes d'une omniprésence du sujet mâle. Cette thèse lui vaut l'exclusion de l'Université et l'excommunication des cercles lacaniens, mais, en 1977, *Ce sexe qui n'en est pas un* (en écho au *Deuxième Sexe* de Simone de Beauvoir) confirme sa critique du sujet masculin universel, et en 1984, *Éthique de la différence sexuelle* explore les voies d'existence d'une subjectivité féminine en propre.

1. Éditions de Minuit, comme tous ses livres cités.

Don Quichotte au féminin

Parmi les personnages que les féministes des années 1970 vont revisiter à l'appui de leur revendication hystérique, on trouve la sorcière, femme libre persécutée que le féminisme actuel a également en totem, mais aussi le personnage de Don Quichotte, incarnant la toute-puissance de l'imaginaire (dont les hystériques seraient les championnes). En 1970, *Arabella ou la femme Quixote,* un best-seller de 1752, est réédité en France[1]. Il raconte l'histoire d'une jeune femme qui voit le monde à travers les romans de chevalerie. En hystérique, elle *fantasme* de la séduction chez tous les hommes qu'elle croise, mais ne passe jamais à l'acte. Larmes, pâleurs, convulsions, évanouissements et catalepsies rythment l'intrigue de ce roman, dont l'héroïne se raconte des histoires, tandis que son fiancé incarne la trivialité du réel. Alors qu'il s'impatiente, son bon sens finira par triompher, et leur mariage réconciliera romanesque féminin et pieds sur terre masculin. Deux emplois que Monique Wittig fait incarner par des femmes, dans la version lesbienne du roman qu'elle a adapté pour le théâtre[2]. Initiatrice du slogan « Un homme sur deux est une femme », Monique Wittig est aussi l'auteure du premier texte manifeste de ce qui sera le MLF (Mouvement de libération des femmes), paru dans *L'Idiot international,* d'un certain Jean-Hedern Hallier que nous avons croisé dans un rôle moins pro-féministe[3]…

1. De l'Écossaise Charlotte Lennox ; traduit en français en 1801.

2. *The Constant Journey,* montée en 1985 à Paris sous le titre *Le Voyage sans fin.*

3. Voir deuxième partie.

Plus que la différence, ce féminisme non mixte revendique le remplacement du système phallique par un système féminin. Il s'agit de prendre le pouvoir sur un mode marxiste, bloc contre bloc, *via* le FHAR (Front homosexuel d'action révolutionnaire) et plus tard les Gouines rouges. Mais bientôt le féminisme des années 1980 emprunte la voie universaliste qui rejette l'hystérie – stigmate de l'infériorité des femmes.

Le corps hystérique mis de côté par le féminisme universaliste

Le corps hystérique est un corps en scène, un corps qui se montre et se plaint à l'autre, chargé de le soulager (en le contraignant, l'exhibant, le baisant, le soignant...). Il a été historiquement féminin puisque, dans l'espace public et professionnel, le corps féminin est *regardé*, tandis que le corps masculin se *fond*. Pour se le réapproprier, et cesser de dépendre des (regards des) hommes, les femmes des années 1980 vont gommer tout ce qui rappelle le féminin. Les cow girls solitaires à cheveux courts à épaulettes surjouent la froideur et la maîtrise de soi avec une hantise : être traitées d'hystériques MLF. Le combat pour avoir les *mêmes* droits que les hommes prend son essor, mais la référence reste masculine. Le mouvement lesbien y répond en décidant d'éliminer toute référence au masculin; les féministes universalistes en proposant de supprimer la hiérarchie des sexes, voire leur différence[1]. Provoquant aussitôt la réaction de celles qui voient ressurgir le spectre de l'androcentrisme derrière cette égalité en trompe-l'œil.

1. *Cf.* Élisabeth Badinter, *L'un est l'autre*, Odile Jacob, 1986.

En 1990, la psychanalyste Annie Anzieu réaffirme la spécificité féminine, notamment dans son lien avec la maternité[1]. Elle souligne l'importance de la différence anatomique dans le vécu psychique, mais en privilégiant l'intériorité utérine, elle néglige les organes génitaux extérieurs sources de plaisir (clitoris et seins). Plus alarmiste, Luce Irigaray tire la sonnette d'alarme. Tout en militant « pour que les femmes ne soient plus les corps naturels dont les hommes seraient les têtes civilisées – qu'il s'agisse de droits, de travail, de langage, de religion », elle affirme que « l'égalité entre les hommes et les femmes ne peut se réaliser sans une *pensée du genre comme sexué*[2] ». Elle dénonce « certaines féministes qui revendiquent bruyamment la neutralisation du sexe. Cette neutralisation, si elle était possible, correspondrait à la fin de l'espèce humaine ».

Cette prophétie montre à quel point il a été difficile d'envisager la bisexualité psychique dans une logique non pas masculine de castration, mais féminine de complémentarité, c'est-à-dire de se revendiquer femme avec une part masculine, et d'encourager les hommes en retour à développer leur part féminine[3]. C'est l'époque où la figure d'Olympe de Gouges est sortie des oubliettes de l'Histoire, prémice d'essoufflement du virilisme lancé par la Révolution et échoué sur deux guerres mondiales. Son destin tragique incarne le caractère utopique mais non moins désirable de cette alternative heureuse qui met tout le monde d'accord, au-delà même du féminisme.

Après avoir voulu ressembler aux hommes pour être crédibles et travailler en paix, les femmes des années 1990

1. *Cf.* Annie Anzieu, *La Femme sans qualités*, *op. cit.*
2. *Je, tu, nous*, Grasset, 1990.
3. Élisabeth Badinter, *XY. De l'identité masculine*, Odile Jacob, 1992.

s'autorisent à revenir à elles. Le corps féminin refait surface sur un mode qui se veut doucement affirmatif – cheveux longs et maternité précieuse. Particulièrement inspirante, George Sand incarne l'écrivaine à succès, mère accomplie et grande amoureuse : son imagination de femme fait son génie de plume et la force de ses passions, et ses habits d'homme disent une vie hors foyer à laquelle la crinoline est inadaptée. Elle est l'antithèse d'Emma Bovary, l'héroïne empêchée de son ami Flaubert.

Dans les années 2000 les séries *Desperate Housewifes* ou *Sex and the City* proposent (enfin) une large palette de figures de femmes. La littérature de *romance* se dévergonde, la voie lesbienne se banalise. L'hystérique victime puise dans la résilience au trauma sexuel une libido de combat (Virginie Despentes).

Les élèves de Lacan ont quitté le *maître* pour intégrer les visions de la psychanalyse anglaise, qui s'intéressent à l'avant-Œdipe, au trauma et aux perversions. L'hystérie repensée sous ces angles, sa spécificité féminine devient d'autant moins certaine que le genre lui-même se floute.

Hystérie et déconstruction du genre

À la fin du XXe siècle s'est ouvert un débat, assez virulent, entre les militantes de la fin du genre et les résistantes de la différence des sexes, qui considèrent les « féministes post-modernes » comme des « êtres hyper abstraits » qui refusent la séduction pour éviter « les embarras constants de l'érotisme[1] ».

---

1. Anne Juranville, « Du refus de la séduction », *Le Journal des psychologues*, n° 259, juillet-octobre 2008.

La psychanalyste Julia Kristeva défend l'idée d'une *nature* féminine où l'inné sexuel produit le genre, lequel renforce en retour le sexe. Sa position, qualifiée d'essentialiste (version réactualisée du féminisme différentialiste) est évidemment contraire aux idées défendues par les *gender studies*. Lesquelles ne coïncident pas non plus avec l'intersectionnalisme, qui défend l'idée d'un cumul de revendications (féminisme, antiracisme, égalité économique, etc.).

Les *gender studies*, ou la révolution de l'assignation identitaire

Le genre (ensemble de différences sociales acquises entre les hommes et les femmes) a émergé avec l'anthropologie d'avant 1939, qui mettait en avant les rôles sexués de chacun dans les organisations sociales. Puis dans les années 1950 à 1970, le structuralisme français déconstruit le sujet comme une machine pour en comprendre les rouages : les Américains s'emparent de ce qu'ils baptisent la *french theory* pour créer les *gender studies*. À la question qu'est-ce qu'une femme, Simone de Beauvoir avait répondu : « On ne naît pas femme, on le devient. » Les *gender studies* en concluent que si le genre féminin n'est qu'une construction (historique, économique, sociale, anthropologique...), il peut à l'inverse recouvrir n'importe quel sexe biologique (homme, femme, hermaphrodite, etc.) et tout type de désir (hétéro et/ou homosexuel).
Parallèlement à ces travaux sur le collectif, la sexologie était confrontée à des cas d'assignations de genre douloureuses, qu'elle ne pouvait plus confondre avec l'orientation sexuelle (un homme se vivant femme n'était pas forcément un homosexuel

attiré par les hommes). En 1973, le mouvement *queer* (« bizarre », au sens de « différent ») avait obtenu ce pour quoi il était né en 1969 : le retrait des *Déviations sexuelles* (homosexualité, bisexualité et transidentité) du DSM (manuel des maladies mentales). Il revendiquait la marginalité mais se donnait pour ambition de construire une alternative crédible au patriarcat hétéronormatif et cisnormatif. L'université serait son lieu d'élaboration, après une période consacrée au militantisme.
C'est de ce corpus que part Judith Butler lorsqu'elle publie en 1990 *Trouble dans le genre*[1]. Elle y affirme que le genre n'est qu'une performance (comme au théâtre), qui a besoin de se répéter pour exister. Et comme ce n'est pas naturel (parce que sexe biologique et genre social ne coïncident pas en soi), mais que la société a besoin d'avoir des références, on répète les genres dans le sens du groupe dominant. Le sujet se construit ainsi par rapport à une norme… parmi lesquelles figure l'hystérie assignée au genre féminin (dont Judith Butler, qui n'est pas psy, ne parle pas).
Or la norme est par définition mouvante, et l'enjeu est de la faire évoluer au lieu de la répéter toujours de la même façon alors que tout concourt à la fluidité post-genres : la mondialisation, la révolution numérique, la PMA, la GPA, l'affirmation LGBT… D'où le regret de Judith Butler de voir certains gays se marier, au lieu d'inventer un nouveau type d'union qui leur serait propre.
La critique qui lui est faite, c'est qu'il pourrait finalement y avoir autant de genres que d'individus – soit une société totalement émiettée. Sa théorie

1. Judith Butler, *Trouble dans le genre* (1990), La Découverte, 2005.

serait l'expression d'un individualisme forcené, produit du capitalisme déshumanisant. Mais le sujet sans sexe ni genre est loin d'être confirmé par les faits. Par exemple, une étude menée en 2018 par l'Association for Psychological Science sur le « Paradoxe de l'identité de genre[1] » a montré que plus un pays est égalitaire, moins les femmes se tournent vers les sciences, technologies et mathématiques. Comme si elles n'étaient pas obligées de choisir des métiers d'hommes pour faire carrière ; qu'elles pouvaient choisir ce qui leur plaît. L'hystérie, déconstruite en tant que « tare » des femmes, pourrait-elle enfin devenir ce qu'elle est, à savoir un trait de caractère (ou une pathologie) ni plus genrée ni plus stigmatisée qu'un autre ?

En 2008[2], Anne Juranville, posait la question du genre de l'Inconscient, dans la mesure où celui-ci se nourrit de l'environnement de son propriétaire, comme l'a montré Freud dans *L'Interprétation des rêves*, ou le travail de Charlotte Berardt sur les rêves des Allemands pendant la période nazie[3] : « L'inconscient, structuré par la logique linguistique de l'un phallique, ignore l'"Autre sexe". De sorte qu'il n'y a pas d'universel de la femme. Les femmes n'existent qu'une par une, et doivent se fabriquer sur ce défaut de modèle[4]. »

1. Gijsbert Stoet et David C. Geary, « The Gender-Equality Paradox in Science, Technology, Engineering, and Mathematics Education », 14 février 2018.

2. Anne Juranville, « Du refus de la séduction », *Le Journal des psychologues*, n° 259, juillet-août 2008.

3. Charlotte Beradt, *Rêver sous le IIIe Reich* [1966], Payot, 2002.

4. *Ibid.*

De là s'expliqueraient qu'il y ait autant de féministes que de femmes : féminisme différentialiste ou intersectionnel *versus* universaliste ; hétérosexuel *versus* homosexuel ; guerrier *versus* réformiste ; queer pro-sexe *versus* radical, libéral *versus* matérialiste...

Cet éparpillement, comme celui du genre en général, n'est finalement que le symptôme, et non la cause, d'une même révolution : la fin du patriarcat. Qui a inventé, élaboré et fait perdurer l'hystérie féminine. Et ne semble pas avoir l'intention de lâcher son emprise sur les corps des femmes.

La fin de l'hystérie féminine va-t-elle tuer la « danse nuptiale » ?

Nietzsche voyait dans le féminisme moderne la menace d'une émancipation radicale du corps féminin. « À aucune époque le sexe faible n'a été traité avec autant d'égards de la part des hommes qu'à notre époque. [...] Faut-il s'étonner si ces égards ont dégénéré en abus ? On veut davantage, on apprend à exiger, on trouve enfin ce tribut d'hommages presque blessant, on préférerait la rivalité des droits, le véritable combat. En un mot, la femme perd de sa pudeur. [...] Elle désapprend de craindre l'homme. Mais la femme qui "désapprend la crainte" sacrifie ses instincts les plus féminins. [...] On veut même, de-ci de-là, changer les femmes en libres-penseurs et en gens de lettres. [...] On les rend de jour en jour plus hystériques et plus inaptes à remplir leur première et dernière fonction, qui est de mettre au monde des enfants solides[1]. »

1. Friedrich Nietzsche, *Par-delà bien et mal*, VII, 239 (1886).

L'ethnologue Françoise Héritier souligne le moment décisif où se met en place une « valence différentielle des sexes[1] », quand l'homme prend conscience de son rôle dans la procréation, dont la femme était censée avoir l'entière maîtrise. La femme dépossédée de son pouvoir devient une marchandise.

Jusqu'à aujourd'hui, son corps reste un enjeu de guerre (viols, « nettoyage ethnique »), de domination géopolitique (course à la démographie, comme en Inde ou en Israël par exemple) et d'identité civilisationnelle (remise en question de l'avortement même aux États-Unis). L'utérus n'est pas près d'avoir la paix, laissant imaginer d'effrayantes dystopies où les femmes enceintes sont sous la coupe de régimes totalitaires, comme dans *La Servante écarlate*[2] ou *L'Enfant de la prochaine aurore*[3]. Reprendre la vieille rengaine de l'hystérie féminine pour stigmatiser les femmes qui ne veulent pas d'enfant relève de la même logique nataliste. Il faut donc le marteler : leur liberté est inversement proportionnelle à leur hystérie.

À l'assignation du corps féminin à la reproduction s'est ajoutée son utilisation publicitaire à des fins commerciales, sur un registre sexuel, puis maternel, puis plus récemment *powerfull*. Au point que certaines femmes considèrent qu'avoir « un corps à soi » passe par la désérotisation active (et non la suppression) de leurs attributs sexuels : les années 1960-1970 sont celles des soutien-gorge jetés au

1. Françoise Héritier, *Masculin/Féminin. La pensée de la différence*, 2 tomes, Odile Jacob, 1996 et 2002.

2. Margareth Artwood, *The Handmaid's Tale* (Canada, 1985, France, 1985) ; adapté en série en 2017.

3. Louise Erdrich, Albin Michel, 2021.

feu ; les FEMEN font de leurs seins des écriteaux militants. En retour, les pénis-trophées proposés par certains sur les sites de rencontres semblent plus désespérés que triomphants. Le corps sexué se dérobe à son rôle social, d'autant qu'il peut être modifié et réassigné plus ou moins complètement à l'autre sexe. Et que la question de la reproduction n'est plus un problème, puisque la PMA et la GPA la règlent.

Que devient le corps hystérique dans tout ça ? Où est son désir inassouvi si tout est possible ? Comment et quoi refouler si tout est permis ? Dans *L'Amour de la différence*[1], Catherine Chabert oppose la logique du conflit hystérique entre le bien et le mal, qui joue avec le désir, à la logique *borderline* du tout ou rien, vrai ou faux. Mais le corps hystérique a une façon bien à lui d'intégrer les règles du vrai et du faux. Dans une société où les interdits sexuels entre adultes n'existent pratiquement plus, il mute, en jouant (souffrant) par exemple à faire l'homme alors qu'il voudrait parler en femme (ou inversement).

Hystérie généralisée, par triomphe du Paraître, ou fin des entraves hystériques par triomphe de l'Être ?

1. *Op. cit.*

Quatrième partie

ÊTRE OU PARAÎTRE AU XXIe SIÈCLE

La féministe radicale Monique Wittig (1935-2003) considérait qu'est femme toute personne perçue comme telle dans la société patriarcale. – on pourrait dire la même chose d'un homme. Cette vieille question de l'identité définie par le regard de l'autre, qui passe par des «signes extérieurs d'appartenance» codifiés[1], s'est à la fois exacerbée et complexifiée avec Internet et les réseaux sociaux. Sans ces vitrines on n'existe pas, mais qui dit vitrine dit un minimum de mise en scène. L'hystérie s'y épanouit car chacun·e peut donner une image de soi éloignée de celle qu'il ou elle refoule, mais d'un autre côté la revendication identitaire aspire à faire coïncider le Moi social et le Moi profond. C'est donc une hystérie nouvelle qui se déploie à l'ère du tout écran, où la différence passe obligatoirement par l'apparence, dont la valeur identitaire et politique ne cesse d'augmenter jusqu'à imposer une nouvelle normativité.

Prise dans cette circularité, mais fidèle résistante à toutes les oppressions, l'hystérie revendique aujourd'hui de s'exposer sans appartenir, et d'enchanter le monde sans y

1. Elle concerne aussi bien la classe sociale (les signes extérieurs de richesse) ou la religion (les signes extérieurs d'appartenance religieuse) : l'apparence a une valeur identitaire et politique.

perdre son âme. Du moins du côté des hystériques « officiels » (comédien·ne·s, femmes), rodés à la tyrannie du paraître, car pour les autres (les hommes) la pathologie guette.

Conjuguer affirmation de soi et besoin de l'autre est aujourd'hui le grand challenge de tous les hystériques qui voudraient vivre moins douloureusement leur dépendance affective.

1

S'exposer sans appartenir

En exacerbant le rapport au désir et à la séduction, le cinéma a cultivé l'hystérie comme dans une serre. Il n'est pas étonnant que celle-ci ait en retour engagé sa révolution *via* des comédiennes, revendiquant d'être belles ET de parler. Mais au-delà du cinéma, tous les microcosmes où se jouent des rapports de pouvoir (famille, entreprise, institutions...) sont concernés par #MeToo.

Jouer la comédie sans tomber malade du désir d'autrui

Les comédiens et comédiennes dépendent du désir d'autrui de les voir (jouer) pour vivre : l'hystérie est donc consubstantielle à leur métier, et les rend vulnérables aux abus de ceux qui ont le pouvoir de les faire jouer. Hommes et femmes y ont été exposés de longue date, et Alain Delon a par exemple été victime dans sa jeunesse de harcèlement et d'abus de la part de femmes puissantes. Mais ce sont les comédiennes qui ont mené le combat contre les abus phallocrates, bien avant qu'éclate l'affaire Weinstein en 2017. En 1793, la star de la Comédie-Française, Louise Contat, avait ainsi failli être guillotinée parce qu'elle représentait tout ce que les révolutionnaires les plus raides, Robespierre notamment, détestaient : une coquette protégée par Marie-Antoinette, mécène jouant la sororité ; une mère de famille ayant aussi une vie publique ; une amoureuse grande gueule ; une séductrice courtisane au sens politique aiguisé.

Plus proche de nous, la comédienne Delphine Seyrig, fée du *Peau d'âne* de Jacques Demy (1970), et lointaine descendante de Mme de Staël, reprend le flambeau des blondes belles et élégantes, mais non moins batailleuses. Elle fonde en 1974 le collectif Les Muses s'amusent, devenues ensuite Les Insoumuses. Caméra à l'épaule, ces dernières réalisent des documentaires à partir d'images de rue. Elles aussi vont se frotter au pouvoir politique. Le 30 décembre 1975, Bernard Pivot anime une émission intitulée « L'année de la femme, ouf ! c'est fini » au cours de laquelle Françoise Giroud, secrétaire d'État à la Condition féminine, est invitée à commenter les propos phallocrates et misogynes d'hommes publics. Dans *Maso et Miso vont en bateau*, Les Insoumuses remontent l'émission dans une vidéo ponctuée de commentaires, chants et panneaux joyeusement féministes, qui tournent en dérision la complaisance de Françoise Giroud envers la misogynie. En 1976, Delphine Seyrig réalise le documentaire *Sois belle et tais-toi* sur la place des femmes dans le cinéma[1]. Jane Fonda, qui milite alors vigoureusement pour les droits sociaux des minorités, y raconte son vécu de femme-objet au service des fantasmes de son mari Roger Vadim. Elle a depuis révélé les graves troubles des comportements alimentaires dans lesquels elle était tombée après s'être affamée pour entrer dans les costumes de son personnage de *Barbarella* (1968).

1. Il ne sortira en salle qu'en 1981.

Les revendications de Delphine Seyrig recoupent celles de la sociologue lesbienne Christine Delphy, pour qui les femmes sont une classe définie par l'obligation de fournir des services domestiques gratuits. Mais Delphine Seyrig, mère d'un garçon et compagne de Samy Frey, ne peut pas être cataloguée Gouine rouge. Sa position dérange, et sa carrière s'en ressent : on ne lui propose plus certains rôles, elle en refuse aussi certains. Pour *Peau d'âne*, le film de Jacques Demy, elle doit renoncer à la fée combative qu'elle aurait voulu composer.

Son féminisme déterminé et singulier disparaît avec elle en 1990. Il faut attendre la déferlante #MeToo pour que d'autres comédiennes s'expriment sur le milieu même qui les a vues grandir : Hollywood. En dénonçant Harvey Weinstein, elles ne pointent plus la misogynie ordinaire, mais la prédation sexuelle d'un producteur abusant de son pouvoir à faire les carrières. Lancé officiellement en octobre 2017, l'hashtag #MeToo[1] va toucher de plein fouet l'*entertainment* médiatique, c'est-à-dire la télévision. Le film *Scandale* (2018) montre ainsi une jeune aspirante au poste de présentatrice télé confrontée à un vieux patron de chaîne abusif. On assiste à chaque étape : le premier rendez-vous inoffensif qui la laisse pleine d'espoir, le deuxième en huis clos où elle est incitée à se déshabiller pour aller plus loin, le troisième où elle doit s'exécuter sexuellement, etc. Elle obtient le poste convoité, occulte ce qu'elle doit endurer pour le garder, mais finit par craquer et en parler à une collègue. Une autre partie se joue alors, avec des femmes plus âgées qui ont subi le même sort. La plus ancienne s'est fait remercier pour son émission trop

1. Depuis dix ans, les abus sexuels étaient dénoncés de manière de plus en plus insistante par les femmes sur les réseaux sociaux.

ardemment féministe : elle cherche des alliées pour intenter un procès à la chaîne, mais l'actuelle star de l'écran refuse, par peur du préjudice pour sa carrière. C'est lorsqu'elle se rend compte que l'histoire se répète avec sa plus jeune collègue qu'elle bascule. Ensemble, les trois magnifiques blondes vont faire tomber le patron de la chaîne.

Cette question de la solidarité féminine – qui se pose à toutes les minorités sociales – est compliquée par les cassures générationnelles. Dans ce film, la plus âgée, très isolée, se désespère que des jeunes femmes préfèrent continuer à subir ce qu'elle a subi plutôt que de faire bloc contre. Dans la série *The Morning Show* (AppleTV 2021-22), la journaliste la plus chevronnée voit au contraire sa jeune consoeur moins conciliante comme une rivale.

En janvier 2018, la participation de Catherine Deneuve à la tribune sur *la liberté d'importuner* lui a valu les foudres des féministes *millennials*. Elle et ses cosignataires ont été renvoyées à leur ancien monde, où la séduction ne pouvait exister que dans le rapport de force.

Séduire sans en payer un prix exorbitant

En puisant à différents dictionnaires, on peut définir la séduction comme un charme particulier, volontaire ou inconscient, qui éveille un intérêt, une émotion, une attraction (la séduction de l'argent, de l'ailleurs, du bébé...). En science sociale, la séduction inclut la manipulation, dans le but d'obtenir une faveur (matérielle, sexuelle ou affective) d'un ou de plusieurs individus. La séduction est donc « inhérente à la comédie sexuelle[1] », puisque le désir est à

1. Anne Juranville, *op. cit.*

la base de l'humanité. « Séduire » vient du latin *seducere*, « mener à l'écart ». Tout est dans la façon de procéder, et désirer n'est pas posséder.

Le rejet d'un certain type de séduction, basé sur l'agressivité et le manque de réciprocité, oblige ainsi à repenser la question du consentement. À propos du harcèlement sexuel sur les campus américains, l'essayiste Laura Kipnis se demande : « Qu'arriverait-il si nous cessions de nous lamenter de la méchanceté des hommes, et que nous enseignions plutôt aux étudiantes comment dire : "Dégage ta main de mon genou, connard"[1] ? » Pour autant, parler de « refus d'obstacle devant le danger du désir », de « haine de l'homme » ou de « rivalité à vif avec les hommes[2] » ne fait pas avancer le débat. Après avoir été la muse de la science, l'hystérique ne pourrait-elle pas être celle de la Loi ?

Pacifiste sans naïveté, la journaliste Maïa Mazaurette appelle à une rêverie et à des pratiques sexuelles placées sous le signe du plaisir et non de la douleur[3]. Loin des scénarios sadomasochistes, elle veut une pornographie crédible, correspondant aux attentes actuelles, des hommes comme des femmes. Elle revendique le parler vrai sur le corps, de façon ludique et réjouissante, laissant espérer une séduction où la dialectique du maître et de l'esclave serait moins délétère pour tout le monde, même si en amour il y en aura toujours un qui souffre et un qui s'ennuie. Passant au crible les préjugés qui entravent la

1. Laura Kipnis *Le Sexe polémique. Quand la paranoïa s'empare des campus américains*, Liber, 2020 ; *Le Monde des livres*, 28 mai 2020.

2. *Ibid.*

3. *Cf.* Maïa Mazaurette, *Sortir du trou, lever la tête*, Anne Carrière, 2020.

spontanéité et l'épanouissement sexuels[1], elle invite à déconstruire des culpabilités artificielles – être gauche, ne pas oser dire ce qui plaît et ce qui ne plaît pas, taire ses fantasmes... En bref, à banaliser certains tabous.

La sexualité risque-t-elle d'y perdre sa magie, de même que le désir deviendrait fade sans rapports de domination ? Questions dépassées à l'heure où l'hystérie est moins menacée par le poids du réel que par la tyrannie de l'image, qui réintroduit de la fausseté là où la chasse au non-dit espère dire le vrai.

De la mascarade

En 1929, la psychanalyste anglaise Joan Rivière (1883-1962) exposait, dans *La Féminité en tant que mascarade*[2], le cas d'une femme belle, sexuellement épanouie et professionnellement accomplie (probablement elle-même), saisie d'angoisse après une intervention réussie et remarquée à un congrès. Dans la soirée qui suit l'événement, elle se dévalorise auprès des hommes et les allume ouvertement, jouant la petite fille séductrice comme elle le faisait autrefois avec son père. Joan Rivière appelle ce comportement une « mascarade » et l'explique par la peur de la rétorsion masculine de s'être exposée et d'avoir eu du succès. Chez une femme puissante, la féminité serait portée comme un masque protecteur, cachant l'intranquillité avec la position phallique et la culpabilité de dépasser le père au risque de perdre son amour.

1. *Cf.* « Sex and Sounds », Arte Radio, juin 2018.
2. Repris dans M.C. Hamon (dir.), *Féminité mascarade*, Le Seuil, 1994.

La même année 1929, dans *Une chambre à soi*, Virginia Woolf expliquait le faible nombre de grandes écrivaines par l'engloutissement de la créativité féminine au service d'autrui, mais la recherche a montré depuis que c'est surtout l'Histoire qui n'a pas retenu leurs œuvres[1]. Parce que écrite par des hommes ? Parce que les autrices ont sabordé leur « service après-vente » ? Même si « la parole est phallique[2] » et que les femmes n'ont jamais lutté à armes égales avec les hommes pour passer à la postérité, l'angoisse de castration, calquée du modèle père-fils, semble insuffisante à expliquer un tel phénomène.

La clinique dévoile une autre angoisse : celle de *trop plaire* au père, pour peu que celui-ci ait suscité un Œdipe trop vif. Vue sous cet angle, la mascarade séductrice décrite par Joan Rivière était aussi bien une tentative de se mettre sous la protection d'hommes-barrières du père, tenté de féliciter *exagérément* sa fille ou de s'attribuer son mérite. La rétorsion viendrait dans un second temps, si la fille se dérobe finalement à la séduction paternelle. Je pense ici au commentaire de Jean-Marie Le Pen, un soir de triomphe électoral historique de sa fille Marine : « Je ne sais pas ce qu'elle a de plus que moi, mais je sais ce qu'elle a de moins. »

Paraître femme faute de pouvoir en *être* une avait ainsi conduit Aurélie, fille préférée de son père, aux confins de la schizophrénie. Le jour de notre première rencontre, cette belle jeune femme de 24 ans à qui la mini-jupe sur collants opaques donne une allure juvénile malgré son 1,75 mètre, se tient très droite sur le fauteuil. Ses problèmes

1. *Cf.* H. Mauret-Indart, *Femmes artistes et écrivaines*, Garnier, 2019.
2. Annie Anzieu, *op. cit.*

alimentaires ont commencé cinq ans plus tôt, après le bac. «J'ai commencé une hypokhâgne, je suis partie en colocation, j'étais contente. Mais avec la prépa, le concours, j'ai eu peur de l'échec. Et puis j'ai essayé d'écrire, ça m'a fait complètement dévisser.» L'angoisse – de s'approcher de soi ? – déclenche les premières crises boulimiques suivies de vomissements. Descendue à 50 kilos, Aurélie entame une thérapie psychanalytique : les boulimies cèdent la place à l'anorexie pure. Sa psychiatre la fait hospitaliser à 40 kilos : «Ça m'a bien recalée.» Elle recommence à manger, mais les boulimies avec vomissements perdurent, ce qu'elle cache à sa famille comme à sa psychiatre, qu'elle finit par arrêter de voir. Entre-temps, Aurélie a interrompu l'hypokhâgne, s'est orientée vers une prépa commerciale – «comme tout le monde dans la famille» – et a réintégré le domicile de ses parents, où elle vit toujours.

Aujourd'hui étudiante dans une école prestigieuse, elle continue à être «hyper vigilante», ne se faisant aucune confiance pour ne pas «devenir une grosse vache». «Je ne calcule plus méticuleusement les calories, mais j'y pense en permanence.» Quand elle est avec d'autres personnes ça va, mais «c'est absurde : je m'isole pour pouvoir faire des boulimies alors qu'au départ je faisais des boulimies parce que j'étais seule». Elle dit avoir «très peur de l'inconnu, peur d'être jugée, peur de décevoir, de m'ennuyer». Des silhouettes inquiétantes évoluent dans ce monde de peur : «J'ai l'impression d'être en représentation, que les autres se rendent compte qu'il n'y a rien derrière. Je finis par penser qu'il n'y a rien derrière personne. J'ai des pensées très noires.»

Une sorte de masque lisse effectivement ses expressions, comme un masque de carnaval inversé, cachant la grimace au lieu de la surjouer. Il m'évoque les «idiotes» hystériques des siècles passées, dont la quasi-paralysie faciale disait la sidération psychique. Aurélie relevant plutôt du haut potentiel, le contraste est saisissant. De même, ses joues bouffies s'accordent mal avec sa silhouette maigre : paradoxe cruel pour qui veut être mince en se faisant vomir, ce symptôme est caractéristique des vomissements forcés. Le corps humain est ainsi fait qu'il peut encaisser beaucoup, mais rarement en silence.

Honte et terreur d'être démasquée

Depuis qu'elle est officiellement sortie de l'anorexie, Aurélie joue à celle qui peut manger beaucoup tout en restant mince. Comme les cocaïnomanes clandestins défiant la fatigue, elle a son secret : le coup de doigt dans la gorge, auquel l'œsophage a pris l'habitude de répondre docilement. « Grâce » aux vomissements, elle gère la guerre de tranchée que se livrent l'exigence fixée par son cerveau (être filiforme) et les besoins propres de son corps (manger pour vivre). La pulsion de vie se débrouille comme elle peut au milieu d'injonctions contradictoires : la tyrannie du paraître oblige à montrer qu'on n'est pas malade (en mangeant bien à table) mais entretient la terreur de ne pas contrôler sa gourmandise.

Avec les vomissements s'est enclenché le cercle infernal de l'addiction : la honte entraîne le mensonge, qui renforce la honte, laquelle pousse toujours plus loin le mensonge. La honte de soi se transforme en mensonge de soi. La terreur d'être démasquée guette Aurélie, sorte de syndrome de l'imposteur de la fausse mince qui cacherait une vraie obèse. « Je confonds parfois le sens des mots. Si je dis par exemple que je suis une grosse fainéante, ça veut dire que je suis physiquement grosse. »

Aurélie gère son angoisse avec les anxiolytiques, mais refuse de prendre des antidépresseurs, par peur d'être encore plus coupée de ses émotions. Elle fume beaucoup, a essayé les joints, mais arrêté l'alcool par « peur de la déchéance ». Elle dira plus tard, beaucoup plus tard, bribe par bribe, que son père est alcoolique parce que dépressif. Et aussi qu'il est gros fumeur.

Désir et normativité

À 14 ans, Aurélie a fait une tentative de suicide médicamenteuse, dans son collège, « un établissement parisien prestigieux alors que j'arrivais de ma banlieue. J'étais décalée, un peu plouc. J'ai perdu ma spontanéité et je me suis fixée sur une bande de filles très minces, à qui je voulais ressembler alors que j'avais déjà des seins, des formes. Je me suis composé un personnage d'affranchie, ça a plu à un garçon très classe, mais je voulais tout contrôler et je lui faisais des scènes : il m'a quittée. On a commencé à dire que je puais le sexe. J'étais dans une impasse, j'ai voulu mourir ».

La phobie sociale, séquelle de l'impitoyable normativité adolescente, lui fait frôler la dépersonnalisation. « Les gens m'ennuient souvent, je me vois avec eux, comme en dehors de moi-même, ça me fait peur. » Aurélie se dédouble du réel, se dédouble elle-même, dédouble le réel. De quoi se faire peur en effet : « Dans le métro, j'ai l'impression que mon nez grossit, que tout le monde le voit. Ma première thérapie m'a aidée à comprendre qu'on ne rit pas de moi, que c'est une voix dans ma tête, ce n'est pas la réalité. »

L'aménorrhée est le seul avantage qu'Aurélie dit avoir trouvé à l'anorexie, tant elle se sentait sale pendant les règles. Je pense à la vieille théorie de l'utérus-cloaque, provoquant des suffocations quand il n'est pas régulièrement nettoyé. Dans quel repli de sa psyché une femme du XXIe siècle a-t-elle gardé l'image de la femme-égout, qui lui fait prendre tout son intérieur (utérus ou intestins) comme une fosse à purger ? Est-ce que cette image a un ressort symbolique tellement fort que, même après avoir perdu toute pertinence, il reste vivace, à l'image des poils qui continuent à nous pousser sans plus servir à rien ?

Le vomissement-purge couronne et justifie la boulimie, qu'Aurélie qualifie de « moment de coupure avec la réalité ». Elle a essayé de réfléchir à ce qui la déclenche. « Soit je ne sais pas quoi faire et j'en ai honte, alors je m'enfonce dans la honte. Soit je suis énervée et il faut que je me calme. Mais je suis tellement mal après, et tellement mieux quand je ne fais pas de crise. » Débordée psychiquement, Aurélie s'épuise physiquement. « J'ai besoin de sensations fortes, que ça soit toujours *trop*. J'ai tellement fait de gym que je me suis déclenché une tendinite. Il n'y a que la bouffe qui m'excite. »

Cet excès d'excitation, caractéristique de la névrose hystérique chez Freud, n'est plus tenu aujourd'hui par les interdits du début du XXe siècle. Au contraire, l'individu est incité à se réaliser, à pousser le moteur, sans savoir comment l'utiliser au mieux. Livré à lui-même, il « décharge » comme il peut. D'où l'évolution de l'hystérie, de symptômes passifs marquant un empêchement, vers des agirs signant un débordement : hyperactivité, hypergloutonnerie, hypervomissements... mais aussi scarifications, dont Aurélie a abusé à l'adolescence (pour détourner la douleur morale par une douleur physique ; se sentir vivante et se punir d'être vivante ; décharger l'agressivité sans crainte de représailles...).

Tout au long de nos deux années et demie de séances, la boulimie sera capricieuse, allant et venant au gré de l'humeur et des événements, mais surtout de l'apprivoisement des peurs au premier rang desquelles figure la solitude. Aurélie luttait vaillamment : «Je dois me répéter sans cesse que je m'en fiche d'être seule, que je n'ai rien à perdre alors que dans la boulimie j'ai quelque chose à perdre : mes dents, mes cheveux, ma santé.» Notre travail consistant à ce que la marionnette *prenne chair*, l'obsession de donner le change avait peu à peu cédé, étape par étape.

À la faveur de quelques flirts, elle était sortie de l'impasse hystérique consistant à exciter le désir de l'autre tout en refrénant le sien. Puis elle avait joué dans une pièce de théâtre, dont le succès lui avait soudain rendu insupportable la mascarade *hors scène*. Elle avait pris rendez-vous chez le médecin, accepté qu'il la pèse et pris les antidépresseurs prescrits. Par la suite, elle était sortie non maquillée, «pour voir», et s'était sentie étonnamment bien.

De plus en plus, elle préférait les pantalons aux jupes, dont la longueur n'allait jamais, entre l'horreur de «passer pour une fille en manque» et celle de «rester vieille fille». Elle s'était fait couper les cheveux, qu'elle avait toujours portés très longs. Elle se disait «asexuée», au sens ni homme ni femme, et associait ce *no man's land* à une quête existentielle : «J'ai un questionnement récurrent sur "être soi-même", ce qui suppose de sortir de la dépendance au désir de l'autre.»

Enfin, elle était partie six mois pour un stage de fin d'études à San Francisco. Elle était rentrée épanouie et heureuse. «Je me suis redécouverte. Là-bas je me suis sentie enfin moi-même.» Elle n'était pas vraiment capable de définir qui était ce «moi-même», mais commençait à se dire que la dépression, la boulimie, la phobie sociale... tout ça n'était peut-être pas une fatalité. Elle avait rencontré un homme. « C'était d'autant mieux que je savais que ça ne durerait pas, puisqu'il était là-bas et moi ici. »

Embauchée pour son premier CDI, elle se donnait à fond, s'épuisant à se montrer irréprochable. Le sourire figé reprenait du service : « On me trouve froide, mais je veux être vue comme professionnelle. » Aurélie commençait pourtant à en avoir assez de tout prendre sur elle, quand les autres ne se gênaient pas pour râler. On l'avait évaluée « d'un calme olympien parce [qu'elle n'était] en conflit avec personne », alors qu'elle bouillait intérieurement. Nous nous étions concentrées sur ses émotions, qu'elle avait tant de mal à reconnaître (« je ne les ressens pas »), ce qui provoquait des comportements inadaptés et posait problème dans sa relation amoureuse – qui se poursuivait à distance, à son grand étonnement. Prise de conscience après prise de conscience, le réel prenait le pas sur les schémas de pensée hors-sol. Jusqu'au jour où j'avais ouvert la porte à une Aurélie méconnaissable.

Ce jour-là, calée au fond du fauteuil sur lequel elle se tenait autrefois si raide, le visage animé de rides que je ne lui avais jamais vues, Aurélie m'avait annoncé qu'elle allait écrire un roman : « Ça s'appellera : Le jour où j'ai arrêté de sourire. »

2

Tyrannie de la performance et hystérie masculine

La dilution des genres a son revers : l'empilement des injonctions habituellement assignées à l'un ou l'autre genre. Aujourd'hui, une femme se doit encore et toujours d'être belle mais *en plus* de réussir sa vie professionnelle et privée. En retour, la tyrannie du paraître s'étend aux hommes, s'ajoutant aux injonctions à être à la hauteur sexuellement, intellectuellement, professionnellement, affectivement, dans un contexte où la masculinité ne peut plus compter sur sa domination sociale naturelle.

Dans un article de 2014 consacré à l'hystérie masculine, le psychologue Olivier Douville remarque : « Les hystériques déprimés et indignés que nous rencontrons aujourd'hui disent de l'hystérie la vérité qu'elle dissimulait sous la fragilité de ses mascarades[1] : la contrainte de se faire l'objet d'un fantasme et de se livrer à la jouissance de l'autre[2]. » C'est-à-dire d'être réduit à une soumission d'enfant, de femme ou de *pédé*.

---

1. L'emploi du mot « mascarade » est une référence à l'article fameux de Joan Rivière, dont il a été question plus haut à propos du cas Aurélie.

2. « Folie hystérique et hystérie virile », *Figures de la psychanalyse*, n° 27, 2014/1 ; www.cairn.info

L'inflation des écrits sur l'hystérie féminine s'expliquerait par le besoin d'occulter son versant masculin ; ces textes seraient autant de couvertures recouvrant le tabou de l'homosexualité passive, qu'exprime l'insulte « se faire enculer ».

Le poids de ce stéréotype, et le peu de connaissance sur l'hystérie masculine qui en découle, rend le diagnostic d'abord, le traitement ensuite, particulièrement délicats. Plusieurs exemples, très différents, montrent à quel point il est urgent de leur consacrer l'attention qu'ils méritent.

Angoisse de performance et anorexie masculine : Tom, être à la hauteur à contre-emploi

Tom, 35 ans, arrive engoncé dans un épais blouson, mais une fois cette carapace retirée, c'est une silhouette décharnée qui se découvre : 50 kilos pour 1,80 mètre. Ses troubles alimentaires ont commencé pendant ses études de droit, le jour où un ami lui fait remarquer qu'il est un peu enrobé (il pèse alors 95 kilos et adore manger). Pour ce fils, petit-fils et arrière-petit-fils d'hommes politiques illustres, aîné d'une fratrie de six enfants dont ses parents veulent qu'il soit le modèle, l'angoisse de ne pas être à la hauteur va se fixer sur le corps.

Lui qui n'a jamais été vraiment bon dans aucun sport, il se met à la course et à la musculation intensives : « Seuls les sports individuels m'intéressent. C'est moi contre moi. Avec l'alimentation, c'est devenu moi contre la balance. » Car cette hyperactivité s'est vite accompagnée d'une maîtrise drastique de son alimentation : « En même temps que je prenais du muscle, je perdais du gras.

L'apparence corporelle a pris de plus en plus d'importance, jusqu'à prendre le contrôle de ma vie. »

Tom dit avoir « toujours été sensible à la performance », car dès l'enfance, dans sa famille, il fallait être le meilleur. « Mon pire cauchemar, c'est que j'arrive aux examens et que je ne sais rien », dit-il, ajoutant qu'il a tendance à beaucoup se dévaloriser. Son diplôme obtenu – « le moins bien de la famille », Tom est embauché dans un cabinet d'avocat où la pression est très forte et les chefs jamais contents. Alors qu'il a déjà perdu 15 kilos, sa soif de performance va l'entraîner dans une spirale délétère. « J'avais beau donner tout ce que je pouvais, ça n'allait pas. » Pendant sept ans, il perd kilo après kilo, et se fait finalement licencier.

Depuis, ça va beaucoup mieux car il a un travail où il peut maîtriser son emploi du temps, le même chaque jour : lever à 6 heures, deux heures de sport, repas strictement cadrés en calories et protéines, coucher à 22 heures. Cette journée type ne supportant pas la moindre variation, Tom vient de trouver un travail plus proche de chez lui. Il commence dans quelques jours et ne veut pas « se louper », dit-il. C'est pour ça, en réalité, qu'il a pris rendez-vous. Et l'anorexie, veut-il s'en occuper ? « Oui, il le faut », répond-il. Pourquoi ? « Ben, l'anorexie, c'est une maladie ? » L'« indifférence » de l'hystérique à ses symptômes se traduit chez Tom par un engagement dans la thérapie aussi appliqué que détaché. Son corps-objet vit à sa place, comme à côté de lui. Il le *remplace*, mais jusqu'à un certain point puisque son pénis refuse de jouer le rôle attendu de lui : il ne bande pas. Ce qui ne lui poserait pas vraiment de problème s'il n'était pas marié et que sa femme ne voulait pas d'enfant.

Tom dit n'avoir jamais été intéressé par la sexualité : « À l'adolescence, les filles étaient un objet de compétition entre garçons. C'est le seul domaine où je n'ai jamais cherché la performance car j'avais peur de gagner. » Sa future femme lui a plu parce qu'elle ne se maquillait pas et qu'elle était protectrice, mais il culpabilise énormément de l'avoir épousée car il ne peut la satisfaire ni sexuellement, ni socialement (son contrôle alimentaire l'empêche de manger au restaurant ou chez des amis).

Pour son impuissance, il a consulté un psychiatre endocrinologue, qui lui a prescrit des hormones de testostérone : elles ont détraqué son humeur sans éveiller son désir. Il se sentait inintéressant face à ce médecin – qui le renvoyait à sa non-virilité sans en chercher les causes – lequel lui reprochait de ne pas se confier. Avec sa nouvelle psychiatre, qui a arrêté le traitement et lui a indiqué mon adresse, Tom se sent plus en confiance. Pour la première fois, il se sent moins marginal. «Je n'ai jamais aimé faire comme tout le monde», s'excuse-t-il. Il se décrit en enfant hyperactif, pris entre une mère rigide, autoritaire, castratrice, et un père avec lequel il n'a pas d'atomes crochus. Leur relation n'est ni bonne ni mauvaise : ils se côtoient.

La nourriture est le lieu de résistance de Tom à sa mère, qu'il dit avoir des avis sur tout et particulièrement sur l'alimentation. « Avec elle on est très contraint, dit-il d'un ton courroucé en évoquant les repas de famille. Or moi j'aime manger, tous les dimanches je fais de la pâtisserie. Si je ne suis même pas libre de manger ce que je veux, je préfère ne pas aller chez mes parents. »

Cette mère a-t-elle excessivement investi son premier né ? Le caractère de Tom l'a-t-il rendu particulièrement vulnérable à ce lien ? Avec l'anorexie, Tom a mis son corps en coupe réglée pour s'en faire un bouclier contre l'intrusion maternelle. Sachant qu'on ne veut pas faire à autrui ce qu'on redoute pour soi, l'idée de pénétrer un corps lui est impensable. Le travail est sa bouée de sauvetage, lui donnant un minimum d'existence adulte. C'est sa seule vraie motivation aux séances, qui mettent en lumière son état de détresse dès qu'il ne correspond pas à ce qu'il suppose qu'on attend de lui. À la suite d'une réunion où il s'est fait sèchement remettre en place par sa cheffe, il se décompose littéralement. Quelques conseils simples l'aident à reprendre pied, et Tom exprime alors son transfert en m'invitant sur son Instagram, où il est très actif – invitation que je décline, avec les patients nous ne sommes ni amis, ni connaissances, ni confrères, ni parents.

Il se tiendra aux rendez-vous le temps d'être confirmé dans son poste, puis disparaîtra. Seul comptait finalement son statut professionnel : par lui, Tom était reconnu *valable*. L'anorexie suivrait probablement son cours, jouant son rôle d'assèchement du désir (entièrement capté par l'alimentation) et du plaisir (autorisé au prix d'un sport intense). Quant à la paternité, il la jugeait définitivement inaccessible « même par FIV ». Car au-delà de la pratique sexuelle avec sa femme, assumer aux yeux du monde d'avoir participé à la conception d'un enfant – c'est-à-dire d'avoir un sexe adulte fonctionnel – était insurmontable.

L'augmentation des TCA
(troubles du comportement alimentaire)
chez les hommes

Les présentateurs télé comme Stéphane Bern, Nagui, Nikos Aliaguas ou Michel Drucker sont la partie la plus visible de l'iceberg des TCA masculins, qui touchent des hommes hyper sensibles à une performance professionnelle incluant leur apparence.
Le besoin hystérique de (se) plaire, d'être un objet désirable, se traduit chez eux par l'addiction au travail et au sport – la course, le vélo, la musculation… –, couplée à une préoccupation de l'hygiène de vie à la limite du pathologique.
Dans les métiers de la mode, Karl Lagerfeld est resté comme l'archétype du gourmand devenu anorexique à la soixantaine, mais tous les métiers exposés (politique notamment) ont tendance à produire des hommes *workaholic* (bourreaux de travail) pour qui montrer (hystériquement) sa réussite est au moins aussi important que la réussite elle-même.

L'hystérie masculine selon Freud : des « éternels nourrissons », luttant contre leur « rôle féminin »

C'est en cherchant parmi les grands noms de la psychanalyse des pistes pour comprendre l'histoire de Tom que j'ai pris la mesure du vide théorique concernant l'hystérie masculine. En dehors des traumatisés de guerre, aucun homme ne semblait concerné par cette « maladie de femme ». Le seul écrit de Freud sur la question – et son dernier sur l'hystérie après presque vingt ans de silence – n'avait jamais été mentionné au cours de mes études, et je ne l'ai trouvé qu'au hasard d'une navigation sur Internet. Il s'agit d'*Une névrose diabolique au XVIIe siècle*[1], qui n'est même pas un cas de patient mais une affaire vieille de plus de deux siècles, que Freud a interprétée à partir du journal intime du malade et des écrits laissés par les témoins.

Dans ce texte de 1923, Freud met ses pas dans ceux de Diderot, fasciné par les convulsionnaires de Saint-Médard[2], pour explorer l'histoire du peintre Christophe Haitzmann, saisi de convulsions et d'hallucinations dans une église de province en 1677. Neuf ans plus tôt, alors qu'il était dans un grand découragement existentiel à la suite du décès de son père, Haitzmann a cédé au Diable, venu le tenter neuf fois de suite sous des formes diverses, d'abord en honnête bourgeois, puis sous la forme d'une chimère à mamelles. Il a alors signé de son sang un pacte lui « promettant d'être son propre fils et dans neuf ans de lui appartenir corps et âme ». L'échéance approchant, le peintre est envahi d'angoisse.

Après plusieurs jours de pénitence et de prières intenses à la Vierge, le Diable lui apparaît sous forme d'un dragon ailé, le jour de la fête de la Nativité de la Vierge, et lui rend son pacte. Guéri, le peintre part chez sa sœur à Vienne, mais là il est repris de convulsions très violentes, de paralysies et d'hallucinations où des saints lui infligent toutes sortes de punitions. Il retourne dans l'église de province, et avoue qu'avant le pacte au sang il avait signé

1. 1923, traduit en français en 1927, disponible sur le site de l'UQAC (Québec).

2. Voir première partie, p. 27.

avec le Diable un premier pacte à l'encre, le «vouant à ce seigneur comme son propre fils pour neuf ans». À nouveau il prie, et à nouveau le Diable lui apparaît et lui rend le pacte. À la suite de quoi le peintre décide de devenir l'un des moines du lieu.

Freud précise d'abord que les deux pactes ne sont «pas des fantasmes, mais des documents conservés dans les archives ecclésiastiques». Selon lui, le peintre les a écrits lui-même, dans un état second, parce qu'il «ne pouvait pas faire autrement s'il voulait réaliser son fantasme». «Les frontières entre la névrose et la simulation sont flottantes», précise Freud, qui diagnostique derrière ce délire une névrose hystérique car elle met en jeu une intense angoisse œdipienne de castration.

Selon lui, Haitzmann a pactisé avec le Diable dans l'espoir de rester fils, petit garçon, et non pour réaliser les «désirs naturels habituels» – à savoir selon Freud «richesse, sécurité, puissance, arts magiques, mais, avant toute chose, la jouissance de belles femmes». Et le choix du Diable comme substitut d'un père théoriquement aimé atteste de son hostilité envers lui. Le peintre est prêt à donner son âme pour rester l'enfant d'un Dieu déchu.

À la mort de son père, il n'arrive plus à peindre : Freud y voit une «obéissance après coup» à un père qui se serait opposé à cette voie professionnelle. Pris de remords, le peintre s'autopunirait en n'arrivant plus à gagner sa vie grâce à son art. Mais le chagrin du deuil ne serait-il pas l'alibi d'un artiste dont les productions n'intéressent personne ? «La triste situation matérielle de notre peintre n'aurait pas provoqué de névrose démoniaque si sa misère n'avait pas engendré chez lui une nostalgie renforcée de son père.»

Neuf années de filiation avec le Diable lui laisseraient le temps de montrer qu'il n'est pas infertile (comme neuf mois de grossesse), mais ce fantasme de rester fils (d'un honnête bourgeois) l'amène à une sorte de retour au ventre paternel (la chimère à mamelles), nécessitant le secours urgent de la mère (la Vierge) pour éviter cette castration fatale (par un dragon ailé). Pendant neuf ans, sa situation matérielle ne cesse de se dégrader : Freud parle du « fantasme de père nourricier » dont est victime « un homme qui n'arrive à rien ».

Le peintre cherche finalement des bras maternels dans lesquels se réfugier : il est pris de convulsions dans une église, un curé bienveillant le prend en charge, il va mieux. Il va chez sa sœur mariée (qui le renvoie au foyer de l'enfance, qu'il n'a pas recréé en en fondant un lui-même), il rechute. Il invente un autre pacte pour pouvoir se jeter à nouveau dans les bras des moines... et finalement entrer dans les ordres. La maladie cesse enfin : dans le « bon » ventre maternel du monastère, il n'a plus à se battre.

Se référant à un cas de délire paranoïaque qu'il a analysé en 1910[1], Freud considère que le peintre a été guéri à partir du moment où il a accepté « le rôle féminin que Dieu lui avait réservé ». Et de conclure : « Peut-être appartenait-il à ce type d'hommes connus sous le nom d'"éternel nourrisson", lesquels ne peuvent s'arracher à l'heureuse situation où ils se trouvaient au sein maternel, et qui, leur vie durant, gardent la prétention d'être nourris par quelqu'un d'autre. »

Jugement un brin moralisateur, qu'on n'est pas obligé de partager. Il suffit de penser à Marcel Proust, soigné par

1. Le président Schreber, in *Cinq psychanalyses*, Denoël 1935 ; Payot, 2015.

sa gouvernante Céleste et vivant d'héritage : son hystérie d'« éternel nourrisson » n'était pas incompatible avec la création d'un chef-d'œuvre. Contrairement au peintre malade dont parle Freud, Proust a non seulement « accepté le rôle féminin... », mais il a sublimé sa prédisposition à l'hystérie (son hyper sensibilité et son besoin de mère) par la prouesse littéraire.

Arrêter d'assimiler hystérie masculine et homosexualité

Bien que les symptômes de Tom n'aient rien à voir avec ceux du peintre Haitzmann, leurs histoires montrent, à plus de trois siècles d'intervalle, combien l'hystérie prospère sur un maternage frustrant, poussant le garçon à se raccrocher au parent phallique. À l'époque de Freud, où les genres étaient rigides et coïncidaient sans équivoque avec le sexe biologique, ce rôle de maternage revenait exclusivement à la mère, et sur celle du peintre son enquête est muette : avait-elle disparu, et si oui quand et comment ? Était-ce une mère phallique, réincarnée en père-diable à mamelles désiré et honni ? Avait-elle été « insuffisamment bonne », c'est-à-dire insuffisamment maternante au point de laisser son fils en tête à tête avec son père ? Était-ce une honnête bourgeoise hystérique (la première apparition du Diable), une mère débordante (les mamelles), une mère vierge (sans sexualité) ou une séductrice (*repeinte* en Vierge) ? Avait-elle placé trop d'attentes sur son fils, qui ne s'en sentait pas à la hauteur ? Ou pas assez ? L'histoire ne le dit pas, et Freud ne s'y attarde pas. Peut-être parce que fils adoré de sa mère, il a occulté le vécu de froideur ou de carence de l'objet maternel, que d'autres élaboreront avec le concept de *sécurité affective primaire*[1].

Son sujet à lui, c'est le père. Pas «le parent paternel» mais bien l'homme-père. Dans l'hystérie, celui-ci est surinvesti en compensation, selon lui, d'une mère frustrante – par le garçon autant que par la fille. Le problème spécifique de l'hystérie masculine, c'est que ce surinvestissement bute sur deux écueils : le modèle paternel lui-même, lorsqu'il est trop éloigné du caractère de l'enfant – le père du peintre est un «honnête bourgeois» qui désapprouve le choix d'une carrière artistique; et le père de Tom un politicien qui ne s'intéresse pas à la pâtisserie et préfère ignorer l'étrangeté de son aîné. Et le conflit œdipien par ailleurs, qui renvoie le garçon à un schéma homosexuel socialement inconfortable – Tom et le peintre s'en extraient par l'absence de sexualité, l'ascétisme et une forme d'homosexualité admise (les moines pour le peintre).

À suivre Freud, le problème de l'homme hystérique, c'est l'angoisse de l'homosexualité – on comprend pourquoi, puisqu'elle est considérée comme une pathologie mentale jusque dans les années 1970. Il suffirait donc qu'il reconnaisse sa part féminine pour guérir. C'est bien sûr confondre identité sexuelle et hystérie d'une part – ce qui est cohérent avec l'idée que l'hystérie serait nécessairement féminine – et c'est oublier d'autre part la question de la *préférence* de désir sexuel – homo ou hétérosexuel.

L'hystérie ne rend pas homosexuel, et être homosexuel ne rend pas hystérique. Ce n'est pas parce qu'un garçon s'accroche à son parent phallique pour combler la défaillance de son parent maternant qu'il va aimer, adulte, des personnes du même sexe que celui du parent d'accro-

1. *Cf.* deuxième partie, Melanie Klein et la psychanalyse anglaise.

chage. L'hystérie masculine ne préjuge pas de la préférence sexuelle. Elle colore en revanche l'engagement amoureux, qui se portera préférentiellement vers un homme ou une femme phallique (par son autorité, son physique, sa puissance professionnelle ou financière, son statut social, etc.). L'homme hystérique sera alors rassuré... et toujours frustré de la tendresse qui lui a manqué dans l'enfance[1].

À moins qu'il ne veuille dissimuler son besoin de protection en surjouant le mâle, ce qui l'exposera à des malentendus dans ses rencontres amoureuses : comme ce fut le cas pour Michaël.

Le séducteur hystérique n'est pas forcément un prédateur : Michaël, le beau timide sommé d'être Superman

Le jeune homme que j'ai reçu la première fois lorsqu'il avait 22 ans débutait, plutôt bien, sa vie professionnelle. Sa vie amoureuse le préoccupait car il n'osait pas aborder les filles et ne voulait pas «passer à côté de (sa) jeunesse».

Sérieux et tranquille, Michaël dit qu'il est le «chouchou» de sa mère, son frère aîné étant plus fêtard. Ses parents ont divorcé quand il était adolescent, et ni l'un ni l'autre n'a refait sa vie. Les rôles qu'il attribue à chacun sont sans équivoque : la mère est «une battante, qui a bossé comme une dingue pour qu'on ne manque de

1. Cette névrose durera le temps que l'homme hystérique prenne éventuellement à son tour la place symbolique du parent phallique et choisisse alors un objet d'amour susceptible de combler sa carence en maternage. Mais c'est une autre histoire.

rien» ; le père «s'en foutait» et il est dépressif. Michaël admire sa mère mais reconnaît qu'elle «met beaucoup la pression». Son frère aîné dit que c'est «une coupeuse de couilles. Qu'elle voudrait qu'on reste des enfants. Moi, je crois qu'elle n'a juste pas besoin des hommes». Effectivement, ses deux fils sont les seuls hommes de sa vie, absorbée par le travail et quelques rares sorties avec une amie.

Cette mère est «stricte, pas archi câline». Michaël se souvient encore de sa terreur de se séparer d'elle à la rentrée au CP. Elle ne l'avait pas vraiment consolé, mais plus tard elle a su le protéger quand il s'est fait harceler – jusqu'à une tentative de viol – par une «petite frappe» de l'école. «Je n'en ai pas parlé à mes parents. Après, j'ai fait une sorte de dépression, et ils ont compris, je ne sais pas comment. Ma mère a fait virer le type. Mon père m'a traité de femmelette.» C'était lui, la femmelette, dans le couple, si l'on considère qu'être victime de plus fort que soi est le propre de la féminité. En tout cas, Michaël n'a pas pu l'investir comme figure virile, qui ferait contrepoids à une mère puissante.

L'environnement paternel, loin de sa mère, lui fait cependant du bien : il n'y a même que dans le village d'origine de son père, où celui-ci est retourné vivre, que Michaël est «à l'aise, naturel». L'inverse de Paris, où il faut «jouer un rôle en permanence, gagner plein de fric, être au top tout le temps». À Paris où il y a... sa mère ? «C'est vrai que pour elle j'incarne la réussite.» Et pas que professionnelle : Michaël se doit d'être un homme un vrai, c'est-à-dire «qui emballe» et ne se laisse pas avoir par des «salopes».

À l'adolescence ce myope rêveur – «c'est mon gros défaut, à certains moments je déconnecte» – est complexé par sa maigreur. Il passe aux lentilles de contact et fait beaucoup de musculation : « Avoir plus de carrure m'a aidé à prendre de l'assurance, mais j'avais l'impression d'être toujours au CP. » Dès cette époque, les filles sont en effet pour lui une source de « stress maximal ». Le premier baiser, initié par une fille, est traumatisant : « J'étais beaucoup trop angoissé. » Il va lui falloir du temps avant de se décider à faire des rencontres sur des applis pour se « décoincer ». À force, c'est devenu un peu plus facile, mais malgré son physique parfait et ses nombreuses conquêtes, il a toujours aussi peur des femmes : « J'aimerais emballer léger, séduire plein de filles pour avoir le pouvoir sur elles. »

Je lui demande ce que signifie pour lui *les filles*. Il répond « d'un côté, c'est conquérir pour être un homme ; de l'autre, c'est ressentir les émotions d'une relation ». D'un côté, le donjuanisme pour se rassurer, de l'autre l'abandon à l'amour. Ce qu'il aimerait ? Qu'« une fille me change. Qu'elle me rende plus fort ». Il parle de la femme comme du « sexe fort », ce sexe fort qu'il aimerait tant posséder, à tous les sens du terme.

Au cours des séances suivantes, Michaël rapporte quantité de rêves, riches et variés, où il est souvent question d'yeux qui le regardent, le menacent. Dans l'un d'eux il se casse la jambe, et on voit les os qui sortent de la peau, « ça saigne, c'est gore ». Il a souvent l'impression que son corps lui échappe, qu'il ne peut pas vraiment compter dessus. « Par exemple, je me cogne tout le temps les genoux. Je suis grand, donc quand je m'assieds je manque souvent de place. » Je remarque que ça peut être plutôt un atout d'être grand. « Oui, mais ça, c'est l'apparence. Dans le fond, je suis toujours un ado hyper sensible, et c'est une fragilité. »

Nous nous quittons là-dessus, car il change de travail et doit déménager. Il dit qu'il se sent un peu mieux.

Dix ans plus tard, Michaël reprend rendez-vous. Le jeune homme inhibé a fait place à un trentenaire volubile. Il a un super job, s'est acheté un appartement, s'est « tapé des dizaines de filles », semble bien dans sa peau. « Après vous avoir vue il y a dix ans, je me suis dit que je devais me bouger les fesses. C'est ce que j'ai fait ! » Je lui dis que ça fait plaisir de le voir épanoui, me laissant prendre encore une fois à son physique de star : « Effectivement j'ai tout pour être heureux, et pourtant ça ne va pas. »

Un an plus tôt, il a eu une histoire avec une fille qui ne l'intéressait pas vraiment. Il l'a quittée, en a eu plein d'autres : des femmes mariées, des ados, des filles qui rêvent de se caser, d'autres qui ne pensent qu'à baiser... « Je suis vraiment au meilleur âge, je peux séduire des femmes de 15 à 50 ans. » Je souris : « Vous êtes un homme comblé. » Il corrige : « Je ne peux pas non plus avoir qui je veux, l'autre jour j'ai essayé de me faire une mannequin russe, je me suis fait jeter comme une merde. » Il revient donc à cette fille « un peu chiante », qu'il avait rapidement larguée et a recontactée un soir où il avait besoin de décompresser. « Je regarde qui je pourrais appeler de facile. Je lui envoie un SMS. Elle me répond, on se revoit. Là-dessus, il y a le confinement. Je télé-travaille, j'arrête pas. On se parle tous les jours, on se met ensemble. Peu à peu je m'habitue à elle, je m'attache. On sort du confinement et là, bam, elle me largue. »

Sonné par une rupture qu'il n'a pas vue venir, Michaël ne s'en remet pas. « Pour me changer les idées, je sors, je vois des filles, mais l'acte sexuel ne m'excite pas plus que ça, je tourne en rond. » Plaire et consommer sont effectivement deux choses différentes, voire antinomiques. Je pense à Marilyn Monroe, pas plus intéressée que ça par le sexe. « J'ai des insomnies tout le temps. Je me vois à

50 ans, vieux beau libidineux, gros naze, ça me dégoûte.» Michaël a tous les attributs du séducteur, sans la perversion du prédateur. C'est un hystérique, qui se protège par la séduction et souffre d'y être enfermé car il manque fondamentalement d'une relation tendre : «J'ai vraiment envie d'être en couple.»

Sur le pas de la porte, Michaël me dit qu'il avait craint de passer une heure à pleurer, et même pas ! Je réponds en souriant qu'on n'est pas *forcé* de pleurer, mais qu'on *peut*. Et que l'amour est un risque comme un autre. Il répond en souriant : «Je ne peux pas me rater sur la fille que je présenterai à ma mère», laquelle rêve qu'il la «fasse grand-mère».

Peut-être le reverrai-je quand le conflit entre le *paraître* (tombeur) et l'*être* (rêveur sensible) ne sera plus du tout gérable ? Ou quand le conflit aura éclaté entre la mère de Michaël et la fille (forcément phallique) qu'il lui aura présentée.

L'homme hystérique est-il trop collant ?

« J'ai su par un de ses copains qu'elle me trouvait collant », m'a raconté Michaël, 30 ans, pour expliquer qu'il se soit fait larguer par une fille qui, au départ, ne l'intéressait pas. « Pourquoi je m'accroche, ça, je ne comprends pas. Elle n'est même pas très belle. Le problème c'est que je me suis ramolli à son contact. » Pendant leurs six mois de relation ils n'ont jamais eu de rapports sexuels.« Elle n'arrive pas à faire confiance à un homme depuis que son ex l'a trompée, mais je préfère ça, au moins je sais qu'elle ne couche pas avec n'importe qui. Quand je vois le nombre de femmes mariées que je me suis tapé. » Mais aujourd'hui il se demande quoi faire : « La plaquer contre un mur et la forcer ? Lui dire d'aller se faire foutre ? » S'il tient à elle, je lui suggère de le lui dire plutôt que d'envisager des comportements extrêmes et violents. « Mais elle va me trouver faible, elle m'a déjà largué pour ça. J'ai pas envie de souffrir. » En même temps, le papillonnage est une autre forme de souffrance, puisque ça le réveille la nuit. Sa terreur, c'est de se retrouver avec une fille qui le traite comme son esclave, alors qu'il a tout fait pour « être un homme ». Son physique l'a enfermé dans le rôle du beau gars à qui tout sourit, et qui se retourne contre lui dès qu'il s'attache. Le petit garçon archi timide refait alors surface, la fille se sent flouée, le piège hystérique se referme. Pour paraphraser Marilyn Monroe, les femmes s'endorment avec Superman et se réveillent avec un myope angoissé.

La paternité hystérique : entre impossibilité et flambée patriarcale

Alors que l'une des figures de l'hystérie masculine serait l'inhibition affective – comme dans l'hystérie féminine – une autre serait au contraire la désinhibition – miroir de la nymphomanie.

L'inhibition peut rendre la paternité impossible, comme pour Tom ou le peintre de Freud. Et la forcer peut avoir des conséquences très graves, comme me l'a appris l'histoire d'une de mes patientes. Âgée d'une trentaine d'années, elle vivait avec un homme de 50 ans, qui avait toujours catégoriquement refusé d'avoir des enfants.

Professionnellement puissant, et protégeant sa propre carrière, il lui faisait en privé des scènes de jalousie épouvantables, tout en la traitant de moins-que-rien. Derrière les récits souvent très drôles qu'elle m'en faisait, et son refus apparent de maternité (concrétisé par deux avortements), cette patiente allait en réalité très mal. Je lui avais conseillé de ne pas se laisser impressionner par les crises *hystériques* de son ami, de faire un peu sa vie de son côté. J'ai appris plus tard qu'elle l'avait quitté avec fracas, et eu un enfant avec un autre homme. La relation ultrafusionnelle – excluant tout enfant entre eux – que son ex-ami avait nouée avec elle s'était dénouée par son suicide. Rétrospectivement, je réalisais la souffrance qu'exprimaient ses « crises hystériques ». Elles faisaient sans doute si peur à sa compagne qu'elle les tournait en dérision, espérant de ma part un apaisement que je lui avais apporté... au prix de m'être laissé berner... par l'hystérie.

L'autre figure de l'hystérie masculine – la désinhibition – peut elle aussi faire des ravages, en s'exerçant non seulement sur la femme (ou le conjoint dans les couples homosexuels) mais aussi sur les enfants. C'est ce que rapporte Aurélie (*cf.* p. 261) à propos de son père : « Il est hyper narcissique, il a besoin d'un public et a pris toute la famille à témoin de mon TCA [trouble du comportement alimentaire]. Elle est devenue sa tragédie. » Cet hystérique en chef avait contaminé le groupe, comme la mère supérieure de *La Religieuse* de Diderot[1]. Et comme la novice Suzanne, cette patiente était la préférée du Maître, « anormalement aimée » par lui sans que personne trouvât à redire puisque la dictature du père supérieur ne se discutait pas.

1. Voir première partie.

Quand le pouvoir rend l'homme hystérique pervers

« Quand je suis dans ma chambre, mes parents entrent sans frapper, raconte Aurélie. Ça fait rire mon père, il me considère comme une enfant, mais depuis que j'ai 13 ans, je ferme ma porte à clé la nuit, parce que j'ai peur qu'il entre. Comme il n'a pas de gêne avec sa femme, il trouve ça normal de ne pas en avoir avec moi. Il me regarde parfois à la dérobée, et me dit "c'est que de l'affection", mais ça me gêne. J'ai déjà dû demander à ma mère de lui faire comprendre que je ne voulais pas de câlins. »

Le débordement « d'affection » se retrouve côté agressif. « Mon père est très virulent. Il a pu être violent avec ma maladie. » Il n'est pas le seul père que l'anorexie fait sortir de ses gonds[1], mais dans le cas d'Aurélie c'est autre chose. « Mon père m'a répété que s'il n'avait pas épousé ma mère, il m'aurait épousée, moi. Il disait : il n'y a qu'un despote, et c'est moi. Ça ne choquait pas ma mère, elle ne le contredisait jamais. Aujourd'hui elle s'en veut de tout ça, mais à l'époque elle avait peur qu'il la quitte. Elle a eu un cancer il y a dix ans. Mes parents n'avaient plus de relations sexuelles, ils le racontaient, on était au courant de tout. Nous les enfants, on a souffert de cet étalage. »

La mère, symboliquement morte, est malgré tout vivante, ce qui est presque pire car elle verrouille idéologiquement le système. « Ma mère est très chrétienne, elle me

---

1. Vue de l'extérieur, cette maladie est parfois perçue comme une grève de la faim décidée pour emmerder le monde, un chantage affectif ultime, un rapport de force radical, une question de vie ou de mort. Certains giflent leur fille pour qu'elle mange, d'autres (parfois les mêmes) tentent de jouer l'humiliation, et/ou s'en prennent aux soignants.

dit tout le temps qu'il faut faire le bien, se comporter bien, etc. Mais comment savoir où sont le Bien et le Mal, quand on ne croit pas en Dieu ? Or mes parents ne croient pas vraiment en Dieu. Ils valorisent les actions "désintéressées", mais l'effacement de soi au nom du désintérêt n'est qu'un prétexte pour se prendre pour Dieu. » Qui dit Dieu dit loi divine, que le père édicte sans nuance, qu'il s'agisse du professionnel ou de l'intime.

« Il nous a tous mis la pression avec les études, c'est très important pour lui. » Mais tout en exigeant que ses enfants brillent dans le monde, il les en a coupés, car « il pense que tout le monde est négatif en dehors de sa famille et ma mère approuve tout ce qu'il dit et fait ». Rien ne vaut l'ennemi extérieur pour maximiser l'effet huis clos et la peur d'en sortir. Pour qui brillent ses enfants, sinon pour lui seul ? Résultat, ils ont réussi mais n'*existent* pas. Les frères et sœurs d'Aurélie ont de bons jobs mais pas de vie sentimentale. Leur exemple l'effraie.

« Mon père traitait ma sœur aînée de traînée quand elle a commencé à avoir des copains. Il disait que les mecs ne pensent qu'à baiser, qu'elle était conne de les croire. Ma mère va dans son sens : elle l'idéalise, c'est l'homme parfait, son unique amour... Elle dit tellement qu'il est toute sa vie qu'on a la terreur de ne pas trouver le même. »

Tous des salauds sauf lui ? Il semble que ce père a choisi une femme « bien », parce que lui-même n'était pas très clair : ses filles sont potentiellement des putes, sauf à être comme leur mère. Autrement dit, si elles ont leur propre vision de la sexualité, et non pas la sienne. Si elles ont *leur* sexualité, *hors de lui*. N'est-ce pas là le cœur de l'incestualité ?

Aurélie rapporte un rêve où elle est dans l'eau, nue. Son père la touche, ça la dégoûte, mais elle est impuissante.

« C'est une scène que j'ai vécue à 10 ans. On était en vacances ». Je lui demande ce que ça lui a fait, ce que ça lui fait. Elle réfléchit. « J'ai une peur aussi terrible de lui être indifférente que de sentir son désir. Tous mes copains étaient jaloux de lui. » Aurélie considère que c'est à cause de lui qu'elle ne supporte pas qu'on la voie nue et qu'on la touche.

Elle dit qu'elle a peur de devenir folle, et jusque-là j'étais restée prudente car elle m'avait mise en garde : « Je me raconte des histoires et après je finis par y croire. Il faut faire attention à ça avec moi. » J'avais toujours ce doute : est-ce son père le séducteur ou elle qui suscite sa séduction ? Qui a commencé au jeu du désir débordant : elle ou lui ? Je réalise combien ma question était oiseuse : quand bien même un enfant fantasme, « un homme, ça s'empêche » (Albert Camus, *Le Premier Homme*). Aurélie est l'hystérique-symptôme d'un système malade d'un chef qui ne s'empêche pas.

*

« Les hystériques déprimés et indignés », dont parle Olivier Douville[1], méritent qu'on leur accorde aujourd'hui une attention toute particulière, tant la dépression et l'indignation peuvent faire le lit de la violence (contre soi et/ou les autres, notamment dans le cadre familial).

Si le chômage prive l'homme de son statut de sujet actif, et qu'il ne peut plus s'appuyer sur un collectif patriarcal immuable, sa plainte hystérique d'homme-objet peut rapidement virer en masculinisme agressif.

L'enjeu serait plutôt, aujourd'hui, que chacun puisse être sujet ou objet à sa façon et selon son choix.

1. *Op. cit.*

3

L'hystérie et l'ultramoderne solitude

L'injonction actuelle à l'affirmation de soi tolère mal l'hystérie, ses empêchements agaçants et ses expressions maladroites. Pour relever l'impératif de faire face, nombre d'hystériques (tous genres et classes sociales confondus) usent de drogues diaboliquement consolatoires. Pourtant, alors même que l'hystérie est plus que jamais dévalorisée et ridiculisée, on découvre ses vertus de résistance passive. Des oxymores émergent – pouvoir de la vulnérabilité, femme puissante... – qui donnent de la « faiblesse » hystérique une image antitotalitaire et créative.

L'hystérie à deux, ou en famille, s'en trouve bouleversée : le féminin n'ayant plus le monopole de la plainte et de la séduction, ni le masculin celui de la parole et de l'action, l'individu est reconnu dans sa bisexualité psychique et le couple mis au défi de se réinventer. Loin d'être vaincue par l'ultramoderne solitude, l'hystérie n'en finit plus de muter, dans une société du tout écran qui constitue son bain naturel.

Résilience hystérique contre plainte généralisée

À l'heure où l'hystérie n'est plus le génie des femmes ni leur tare congénitale, pas plus que la phallocratie ne serait celle des hommes, on assiste à une révolution de la dialectique du fort et du faible, où la vulnérabilité (des femmes, des enfants, des minorités...) deviendrait un avantage... provoquant une contre-réaction viriliste sur le mode anti-woke.

Dès la fin des années 1970, la guerre des sexes avait débouché sur un masculin plaintif, dont rendaient compte les chansons ironiques d'Alain Souchon («Allô maman bobo») ou amères de Daniel Balavoine[1]. Ces textes disaient l'angoisse d'une *toute-puissance* féminine-maternelle bien éloignée de la réalité des femmes se battant pour les pensions alimentaires et rêvant d'un espace urbain sûr. Leur succès, faisant concrètement du chanteur-victime un homme riche et célèbre, prouvait l'efficacité de la plainte hystérique qu'un homme osait s'approprier. La femme n'était plus *l'avenir de l'homme*, comme chez Jean Ferrat, mais sa fossoyeuse. En 1994, *Extension du domaine de la lutte* de Michel Houellebecq montrait crûment la misère sexuelle masculine fin de siècle.

Dans les faits, la puissance tant redoutée du *sexe faible* s'est pourtant avérée assez différente de ces projections masculines. En 2009, les *Trois femmes puissantes* de Marie N'Diaye décrivaient une force féminine intimement liée à

1. Comme «Mon fils ma bataille» (1980), revanche guerrière contre la liberté des mères («Fallait pas qu'elle s'en aille») ou «Lucie» (1978), complainte d'un homme faible contre la séduction destructrice des femmes.

la vulnérabilité à travers les histoires d'une migrante, de la fille d'un père abandonnique et écrasant, et d'une épouse dépendante de son mari. En 2010, la chercheuse Brene Brown proposait une conférence Ted intitulée «Le pouvoir de la vulnérabilité», où elle explorait la honte. Les travaux récents de Judith Butler portent aussi sur cette vulnérabilité[1], historiquement assignée aux *femmelettes*, ainsi que sur *La Force de la non-violence*, que la chroniqueuse française Maïa Mazaurette[2] appelle de ses vœux dans le cadre sexuel et amoureux. Dans *Honneur à notre élue*[3], Marie N'Diaye (encore) montre une maire se laissant calomnier et maltraiter par ses parents et son adversaire politique, et remportant l'élection grâce à sa droiture christique. Manipulation hystérique ultime ou victoire de la résistance pacifique sur la guerre armée ?

La puissance est ici la résilience, qui, dans un autre genre, a fait le succès d'un personnage comme Rocky Balboa dont le créateur Sylvester Stallone était considéré comme un looser. Autrement dit, le contraire de la concurrence victimaire, dans laquelle peut verser une certaine mégalomanie dépressive masculine et blanche.

Prendre la parole pour dire un désir, une souffrance, une pensée reste une affaire sensible, qui active les angoisses de perte d'amour et d'abandon, mais il est impératif d'objectiver les traumatismes, entre celui résultant d'une perte du pouvoir et celui résultant d'une agression. C'est tout le débat actuel sur l'impunité.

1. *Vulnerability in Resistance*, Duke University Press, 2016; *The Force of Non-Violence*, Verso Books, 2020.

2. Voir p. 235.

3. Pièce de théâtre donnée en 2017, in *Trois pièces*, Gallimard, 2019.

L'histoire d'Aurélie avec son père remet les choses en place : c'était elle l'enfant et lui l'adulte.

S'extraire d'un système patriarcal hystérique au prix de la solitude

À propos de l'adolescence où elle a voulu mourir, Aurélie glisse un jour au détour d'une phrase : «Je voulais être un petit garçon, parce que mon père aurait voulu un garçon.» Ce fantasme lui aurait en effet permis de répondre au désir du père sans pour autant l'exciter avec un corps qui devenait celui d'une femme. La restriction alimentaire s'éclaire : tel le passager appuyant sur un frein imaginaire à la place du conducteur, Aurélie contraint son appétit comme pour contraindre l'appétit sexuel de son père, mais le système familial dans lequel elle a baigné la dépasse : au lycée, on lui renvoie qu'elle «pue le sexe».

Le conflit entre le désir d'être une femme et le danger de l'être devient alors pathologiquement hystérique, abusant de la victimisation pour mieux renvoyer l'autre à son impuissance : «Je rends les garçons accro en faisant mon Calimero, puis je les jette en leur disant qu'ils ne m'aident pas.» Effectivement, lui résister serait la seule façon de l'aider à sortir d'un schéma dont elle a été elle-même victime, avec un père séducteur sans limites.

Elle se souvient de la suite du rêve où elle était dans l'eau, impuissante, avec son père qui la touchait : elle voyait une femme top less, avec des seins énormes, qui se dorait au soleil «les pieds dans l'eau, ça rafraîchit».

Face à cette féminité si inflammable, Aurélie se sent moins seule depuis qu'elle peut prendre appui sur moi plutôt que sur sa sœur aînée, protectrice mais aussi rivale pour plaire au père. Aurélie réaffirme ainsi avec éclat sa place de plus malade que tous les autres au cours d'un déjeuner familial plein de cris et de fureurs. «Je mérite de mourir de honte», commente-t-elle, tout en ajoutant avec lucidité : «J'aime bien être malade... Enfin non... Disons qu'au moins je peux mettre un nom sur mon mal-être.» Elle rêve parfois d'être *vraiment* malade pour qu'on s'intéresse à elle, «genre un cancer». Contrairement à Mme K.[1], ça la fait rire d'elle-même, mais peut-être que le cancer n'est pas anodin : celui de sa mère avait prouvé son efficacité à éloigner sexuellement son mari.

Émerger à soi

Entre trop plaire au père et perdre son désir, Aurélie a finalement tranché. Au terme de semaines d'angoisses intenses, elle parvient à lui dire que les bisous et les câlins sont terminés. Très sérieusement, car dans cette famille on a tendance à prendre par la dérision ce genre de «pudibonderies». Mais dès le repas de famille suivant, il boit trop et demande encore à ses filles de les prendre sur ses genoux, les caresser. «Le lendemain, ma mère est venue rigoler avec moi de la scène.» La colère se déplace sur sa mère : «Elle a fait un mythe autour de notre père, alors qu'il a transmis sa dépression à ses enfants. Nos relations se sont construites sur l'idée que la vie ne vaut rien.» La vie en général et la vie de fille en particulier, puisque la mère a aussi transmis à ses filles la hantise de n'être rien sans un mari despote. L'aînée lui en veut d'ailleurs plus à elle de ne pas l'avoir protégée qu'à son père de l'avoir maltraitée. Aurélie a au moins pu se rêver garçon.

1. Voir p. 117.

Elle prend du recul avec sa famille, voit moins sa sœur, trop abîmée par le système. « Elle est ce que je redoute de devenir », dit Aurélie en décrivant une trentenaire qui fume, boit et mange trop, s'écrase devant les garçons qui daignent s'intéresser à elle (comme son père l'a écrasée) et n'arrive pas à faire durer une relation. « Je me dis que je peux la voir moins et l'aimer quand même », se rassure-t-elle pour apaiser sa culpabilité. La dé-fusion avec les parents est d'une autre envergure.

Aurélie pense que personne ne l'aimera de manière aussi désintéressée qu'eux : « Je voudrais trouver ma place sans me couper d'eux, j'ai trop besoin d'eux. » Je remarque qu'eux aussi ont trop besoin d'elle. Plus elle fera sa place hors d'eux, plus elle trouvera sa place avec eux. Elle a établi une liste de reproches à son père, et voudrait lui « faire payer », mais elle a peur qu'il se suicide si elle lui balance tout ce qu'elle a à lui dire – comme Mme K. avec sa mère. Pour détourner l'agressivité d'elle-même, elle s'inscrit à un cours de boxe : donner des coups, c'est d'abord apprendre à s'en défendre. À la petite fille séductrice pour se faire accepter, succède le *self control* de la boxeuse. « Mais justement, c'est d'autant plus impossible de lui déballer ce que j'ai sur le cœur maintenant qu'il comprend mieux ma maladie. Il va me prendre pour une perverse. C'est dans ma tête : j'aurais voulu être son petit garçon. Il m'a dit que plus je suis intelligente et moins je suis belle. »

Belle-malade, Aurélie était proche de son père (« il m'a beaucoup déculpabilisée en me disant que la dépression, il connaissait ») ; intelligente-guérie, elle ne l'intéresse plus. Quelle meilleure illustration de « l'idiotie » hystérique inculquée aux femmes ?

Plus de trois ans ont passé depuis la première séance. Je parle à Aurélie d'*Hansel et Gretel*, que j'ai vu au théâtre. La sorcière engraisse les enfants pour qu'ils soient bons à manger, ce qui me paraît la meilleure métaphore de l'anorexie adolescente : ne pas manger pour ne pas être mangé (sexuellement). Aurélie hoche la tête : « Mon père a toujours aimé les grosses. »

Alors qu'elle vient de faire une rencontre amoureuse importante, elle alterne entre l'angoisse de l'abandon et celle de l'étouffement. Soit l'ambivalence sur laquelle s'est construite sa relation au père, ambivalence que cette histoire peut lui faire rejouer et – je l'espère – dénouer.

Le couple et les mutations de l'hystérie

Le couple en tant qu'achèvement et non but en soi

En décembre 2019, un long article du *New York Times* intitulé « *Could I be my own soul mate*[1] *?* » constatait la recomposition de la pyramide de Maslow, qui recense les besoins de l'être humain du plus basique au plus élaboré, sous l'effet des évolutions technologiques, économiques et sociales (avoir un smartphone est par exemple aujourd'hui plus important que bien manger). Concernant le mariage, il était remonté de la base de la pyramide à son sommet, le couple représentant désormais l'achèvement du développement personnel, et non sa condition *sine qua non*. La relation amoureuse reste intrinsèque aux besoins humains,

1. « Pourrais-je être ma propre âme sœur ? », de Bradley B. Onishi, auteur de *The Sacrality of the Secular : Postmodern Philosophy of Religion*, Colombia University Press, avril 2018.

mais «la recherche de The One ne passe plus par la recherche de l'unique personne qui peut faire de votre vie ce qu'elle est supposée être. C'est plus comme une quête de quelqu'un qui nous rejoint sur le parcours d'une vie de croissance. Parfois, cependant, le seul compagnon approprié est vous-même[1] ».

La comédienne Emma Watson se dit ainsi *self-coupled*, ce qui pourrait se traduire par en auto-couple. Cette perspective un peu nihiliste est nuancée par l'idéal attendu du couple : «Le chemin vers "devenir mon meilleur moi" pourrait être obtenu par une relation de long terme construite sur la réciprocité, la confiance et le compromis.»

Souvent, les thérapies s'arrêtent quand le ou la patiente a trouvé un ou une partenaire, le couple venant en quelque sort couronner le travail sur soi, comme une cerise sur le gâteau. Le cas de Maude, se mariant avec un homme alors qu'elle est homosexuelle, peut apparaître comme un raté, mais on peut aussi considérer qu'au stade où elle en était, ce couple-là lui a permis de réaliser ce qu'elle souhaitait : guérir de l'alcoolisme et avoir des enfants. Entre le couple idéal et ce que chacun, à chaque instant de sa vie, est capable d'affronter, il y a un écart que chaque thérapeute évalue à sa façon, et influence en conséquence – chaque patient prenant ou pas ce que le thérapeute apporte.

« C'est compliqué d'intégrer l'autre sans se diluer »

Dans le cas d'Aurélie, la sortie des troubles alimentaires s'est accompagnée de la rencontre, à l'étranger, loin de sa famille, d'un homme à la vie sexuelle débridée.

1. *Ibid.*

Élevé dans une famille où les rôles masculin-féminin étaient flous de manière très assumée (contrairement à celle d'Aurélie, crispée sur des postures genrées caricaturales et violentes), il l'a beaucoup déculpabilisée et désinhibée. Elle n'a plus eu besoin de lutter contre le désir et a pu se laisser aller, autant sexuellement que vis-à-vis de l'alimentation. Ça n'a pas été sans mal, car l'amour l'a mise à nu au propre comme au figuré. «J'ai fait un énorme travail d'authenticité. Ça m'allège de dire la vérité, même si c'est pas facile», a-t-elle conclu.

À partir du moment où elle a renoncé à fuir, elle n'a plus fait de boulimie. Puis à mesure de leur relation, et de son entrée réussie dans la vie professionnelle, le «grand garçon» Aurélie s'est affirmé. Et grâce à elle, son amoureux (puis mari) a réalisé ses aspirations artistiques : elle l'a stabilisé, il l'a reconnectée avec ses émotions.

Comme Maude, Aurélie est revenue faire un point, quelques années de couple plus tard. Là où Maude était déterminée à ne plus refouler son homosexualité (donc à divorcer), Aurélie veut se donner toutes les chances que «ça marche». Son ami pique des colères qui lui rappellent son père, leur imprévisibilité lui fait peur et la culpabilise. Elle a l'impression de reproduire la situation familiale en gardant tout pour elle. Encore une fois, elle m'évoque Mme K. mais la comparaison s'arrête là, car l'agressivité n'est plus dirigée contre elle, Aurélie n'est pas fataliste.

Elle s'efforce de surmonter les rapports dominant-dominé, sur fond de lien trop serré, «mais c'est pas facile», répète-t-elle, tant la problématique soumission/domination fonde le couple de ses parents. Son père reste le personnage central : elle dit sa dépression, son omniprésence, son alcoolisme, son trop de mauvais amour. On lui a diagnostiqué un cancer assez méchant. Le plus malade, c'est désormais lui. Aurélie est triste, sans plus : elle a arrêté de dire merci à ses parents d'être là et ne les voit presque plus, préférant ses amis, avec lesquels les relations sont bonnes, franches. Elle a essayé de parler avec sa mère, mais : « Elle ne m'écoute pas. Ça l'arrange de jouer l'intermédiaire entre mon père et nous, et en même temps, en étant réellement soumise à son mari, elle nous a transmis ça. La soumission m'est insupportable et pourtant je la recherche. Ça me rend dingue. »

En évoquant *Festen*, qui a fait date dans la dénonciation des pères de famille prédateurs, Aurélie dit combien sa colère s'est apaisée depuis qu'elle a arrêté de se l'interdire : « L'idée de voir la noirceur en soi m'a beaucoup aidée. » Elle dit progresser dans l'affirmation d'un soi ambivalent, ni tout bon ni tout mauvais, même si elle est parfois envahie par des idées très noires, au point d'avoir encore peur de la folie.

« C'est trop compliqué d'intégrer l'autre sans se diluer », conclut Aurélie, et c'est peut-être la meilleure conclusion pour dire la problématique hystérique au XXIe siècle, où chacun veut exister et aimer *en même temps*.

Cinq ans plus tard, Aurélie m'annonce d'un message la mort de son père. Il était très affaibli, elle est soulagée de son départ. Quelques mois plus tard, elle m'appelle pour m'annoncer la naissance de son premier enfant. Beaucoup de bonheur, bien sûr. De discussions de couple, tout le temps, pour désamorcer les conflits. Elle a pris du galon – gagne « plein d'argent » comme elle le voulait, mais maintenant sans honte. Son ami a pris un congé sabbatique, pour s'occuper de leur enfant.

« On veut tous montrer qu'on est indépendants »

Dans un genre presque inverse, l'histoire de Raphaëlle est une autre métaphore du couple qui s'efforce de faire parler une langue neuve à l'ancienne hystérie. Elle m'évoque *La Belle et la Bête,* où le sauveur ne serait plus un prince charmant mais un King Kong mal dans sa peau ; et où l'hystérique trop émotive ne tomberait pas dans la caricature de « l'ingénieur et l'infirmière »[1]. Une histoire de Pygmalion malgré lui, qui n'aurait pas envie d'une créature mais d'une vraie femme.

Raphaëlle, 28 ans et une allure de poupée, évolue au milieu de commerciaux qui pourraient tous être son père. Victime à l'adolescence d'un ulcère foudroyant consécutif à un chagrin d'amour (encore et toujours l'adolescence), elle a passé deux ans à l'hôpital, où elle a découvert les anxiolytiques et la psychothérapie. À la suite de cette coupure, elle n'a jamais vraiment retrouvé son niveau scolaire d'avant, dit-elle comme pour excuser ses études, qu'elle dévalorise. Plus tard, en ERASMUS au bout du monde, une infection bactérienne a failli la tuer parce que ses parents lui disaient, depuis la France, d'« arrêter de faire son cinéma ». Plus tard encore, lors de son stage de fin d'étude, elle s'est fait violer par un collègue – avec lequel elle a ensuite eu pendant quelques semaines une relation brutale « pour m'imaginer que ça n'avait pas été un viol ». Elle avait des idées suicidaires, n'en a parlé à personne et quand elle s'est enfin décidée à porter plainte, c'était trop tard pour prouver quoi que ce soit. Il lui en est resté une

1. Titre d'un épisode de la série de podcasts *Le Cœur sur la table*, de Victoire Tuaillon, Binge Audio, juin 2021.

grande violence intérieure, en même temps que la peur, la nuit, dès qu'elle entend du bruit.

Aujourd'hui Raphaëlle vit seule, après avoir quitté du jour au lendemain le « garçon parfait » avec lequel elle vivait pour être « dans la vraie vie ». Embauchée en bas de l'échelle dans une PME, elle se démène pour faire du chiffre, au prix de « picoler tous les soirs » pour tenir le rythme. Mais on lui reproche de ne « pas assez se prendre au sérieux », de faire « trop gamine, pas assez femme aux ongles faits et talons hauts ». Elle ajoute : « Comme dans ma famille, où tout le monde est brillant, je dois sans cesse courir après la reconnaissance. On m'aime pour ce que je fais, pas pour ce que je suis. »

Entre ses deux parents, c'est son père qui occupe le haut du podium. « Il est mon héros », s'amuse Raphaëlle, qui décrit sa mère un peu dépressive et pas très féminine. « Ma mère m'appelait sa joie. Je faisais le show. » Effectivement, Raphaëlle est drôle, attachante. « À l'école je pleurais comme une fontaine pour ne pas aller à la cantine, et ça marchait. Ma mère me disait d'arrêter de faire mon intéressante. » Son visage est extrêmement expressif, et d'une séance sur l'autre, et parfois au cours même d'une séance, ses émotions changeantes se lisent comme dans un livre ouvert. « Je suis plusieurs personnes, dit-elle. Une très contrôlante, l'autre qui lâche tout. » Multiple et volubile Raphaëlle est une actrice à la palette de jeu large. Un tableau hystérique tellement parfait que j'ai un doute : ne m'a-t-elle pas dit qu'elle comprenait très vite les gens, qu'elle était experte en psy ? Raphaëlle m'est tout simplement familière.

Après une séance consacrée au viol, elle passe une semaine à cauchemarder, pleurer et noircir des pages. Mais la pulsion de vie n'est jamais loin, et bientôt Raphaëlle entame une histoire avec un collègue plus âgé qu'elle. « C'est sans avenir, je ne pourrai jamais le présenter à ma famille d'intellos où le sexe et l'argent sont tabous. » Car cet homme « pas beau » ne lit pas, aime les grosses voitures et les filles « un peu vulgaires ». Mais il la « fait sentir femme parce qu'il est macho », et en même temps, il lui apprend les codes virils de la guerre en entreprise. Car le malentendu est total entre le recours à la protection du chef dont abuse Raphaëlle, qui se sent vulnérable, et les attaques « d'homme à homme » de ses collègues masculins, qui la perçoivent comme manipulatrice. Contournement hystérique contre dénigrement sexiste... La tension monte, Raphaëlle force sur le vin rouge. « J'apprends à être frontale : c'est épuisant ! » Tellement épuisant qu'elle tombe malade. Mais elle s'accroche, déterminée à ce que son père soit fier d'elle et que son grand-père arrête de la « prendre pour une débile ». Je me demande : cette alternative belle ou intelligente, si insupportable, disparaîtra-t-elle un jour ?

Raphaëlle aime les hommes de pouvoir parce qu'ils la hissent plus haut, mais le risque, selon elle, c'est que ce ne soit qu'une illusion, et qu'elle retombe ensuite. Pourtant ses efforts sont bientôt récompensés très concrètement : elle obtient une promotion. À une séance où elle avoue être franchement amoureuse, elle est soudain prise de fourmillements dans les mains, de nausée. « Quelque chose tremble en moi, dit-elle, les yeux écarquillés. J'ai peur d'être enfermée dans mon corps. » Je sais que si elle me sent sereine, ça ira : la somatisation part aussi vite qu'elle était arrivée.

Finalement, elle se décide à présenter son amoureux à ses parents, qui ne font aucun commentaire. Soulagée, elle ne boit presque plus et, pour plaire à son ami, elle se met au vernis à ongles, aux talons et à la déco... « Du coup, il me dit que je n'ai pas de personnalité. Il trouve que je ne suis pas assez autonome parce que j'ai envie de le voir. »

Piquée au vif, Raphaëlle se rapproche de ses copines : ça lui fait tellement de bien... qu'elle quitte son ami. Ils se rabibochent finalement, mais elle est contente de s'être affirmée. « On n'a rien pour être ensemble, mais on a encore des choses à faire ensemble. » La Belle aime sa Bête : « Je suis la seule à le voir vulnérable derrière la façade. Je vois chez lui ce que j'aimerais qu'on voie chez moi. »

Dans un texte sensible écrit pendant le confinement[1], alors que son ami piaffait de revoir ses copains et qu'elle s'en désolait, Raphaëlle dira le froid et les apparences de la vie parisienne, incompatibles avec l'acceptation de la dépendance amoureuse. « On veut tous montrer qu'on est indépendants. »

Le couple hétérosexuel n'a pas le monopole de l'hystérie

Les problématiques conjugales homosexuelles ne sont fondamentalement pas très différentes de celles rencontrées par les couples hétérosexuels, à une nuance près : l'hystérique étant particulièrement sensible au désir d'autrui, à son regard, à son approbation, le poids de la norme hétérosexuelle peut susciter une sur-affirmation hystérique – qui pourra éventuellement s'apaiser dans un cadre conjugal.

Cette impression clinique, qui n'a rien d'une vérité scientifique et mériterait d'être approfondie dans le cadre

1. Publié par *Le Monde*, sous pseudo, dans la chronique « Nos vies confinées ».

d'une recherche *ad hoc*, peut se décliner pour d'autres minorités sociales. Le drapeau de la Gaypride s'est enrichi de couleurs, en même temps que s'allongeait le LGBT initial (queer, +...) : pour les individus concernés, l'hystérie (ou ce qui est qualifié de tel) n'est pas un choix mais une meilleure solution que la honte.

D'ailleurs, la victimisation que frôle souvent l'hystérie est aux antipodes de la démarche Pride, qui ne cherche ni à séduire ni à se plaindre mais à exister. C'est-à-dire à soigner une possible pathologie hystérique...

Applis de rencontres, amour libre, trouple... : délices et cauchemar de l'hystérie

L'hystérique est un être de liens, qui parle de préférence par son corps. Pour cet être-là, les applis de rencontre sont à la fois une bénédiction – se montrer sans se dire – et un piège – le numérique fait *écran* au lien par le corps.
Dans le meilleur des cas – ça arrive –, la première rencontre est la bonne et c'est le coup de foudre.
Dans le pire, les fausses rencontres se succèdent, toujours décevantes et à la longue déprimantes (comme s'en plaignait Michaël), voire blessantes narcissiquement. Car si la sincérité est encouragée – pour éviter de prendre du temps – peu d'hystériques avancent sans masque – c'est même pour ça qu'ils et elles peuvent assumer la rencontre numérique. La rencontre *dans le réel* fait tomber le fantasme (de la personne qui s'est enjolivée comme de celle qui y a cru). La « rancune de

l'hystérique »[1] se retrouve alors sur Instagram, dans les témoignages de filles écœurées – tandis que les garçons préfèrent taire leurs déconvenues. L'amour libre, facilité et rendu transparent par les applis, est-il plus heureux que l'était l'adultère ? Rien n'est moins sûr, tant il reste vrai qu'en amour il y en a souvent un qui souffre et un qui s'ennuie. Or l'hystérique est rarement celui ou celle qui s'ennuie.

L'ère des réseaux sociaux : hystérie ou psychose ?

En 1970, le sociologue Jean Baudrillard démontrait, dans *La Société de consommation*[2], que celle-ci était basée sur les deux principes hystériques-féminins de la séduction et du manque (« cette dimension de moins qui nous ensorcelle »). À la suite de *La Société du spectacle* de Guy Debord[3], il pointait aussi la mise en scène médiatique des événements, qui les vide de sens – à la manière de la simulation hystérique[4]. En 1985, il faisait paraître un essai où il questionnait « la carte et le territoire » (bien avant que Michel Houellebecq ne reprenne ce titre pour son roman), c'est-à-dire le réel et sa représentation. Il considérait alors que le signe (la carte) avait non seulement pris le pas sur l'objet qu'il désigne (le territoire), mais

1. Voir p. 161.
2. Gallimard, 1970.
3. Buchet Chastel, 1967.
4. *Simulacres et simulations*, Galilée, 1981.

que cette représentation, ce *simulacre de réalité*, faisaitt désormais foi sur le réel même, réduit en lambeaux.

Triomphe du voile hystérique sur le réel ? Au contraire, s'il n'y a plus rien à recouvrir, l'hystérie n'avait plus de raison d'être : elle était appelée à disparaître sous la vérité vraie... ou à perdre toute attache avec elle en se faisant virtuelle.

Vingt ans plus tard, Jean Baudrillard répondait à deux journalistes de la revue *Le Philosophoire* lui proposant l'hystérie comme référence méprisable d'un monde malade à trois titres : spectaculaire et exhibitionniste, comme l'hystérie ; imitant l'ancien à la manière de l'hystérie simulant d'autres pathologies ; et recyclant des « clichés historiques », à la manière du « discours des hystériques qui n'est bien souvent qu'une collection de clichés[1] ».

Jean Baudrillard estimait que l'époque était plutôt post-hystérique. Dans la société du tout image, du tout écran, la représentation du réel avait tué le réel avant de s'achever elle-même. Ne restait que le virtuel. On est « bien au-delà de la société du Spectacle, affirmait-il, [car] on n'est même plus en position de spectacle, d'aliénation ou de dépossession. Nous sommes immergés, sans plus de possibilité de se distancier. L'aliénation c'est quand même encore l'Autre[2] ».

Quant à l'hystérie en tant que « concept dramatique », avec ses effets de mimétisme, de montée en puissance, et de dramaturgie, elle ne correspondait pas non plus au virtuel. « S'il fallait trouver une catégorie pathologique, ce serait plutôt la paranoïa. Ou alors, un fétichisme radical, où l'objet fétiche remplace tous les signes[3]. »

1. *Le Philosophoire*, n° 19, 2003/1.
2. *Ibid.*
3. *Ibid.*

Le sociologue est mort en 2013, avant d'assister à l'explosion d'Instagram, où des parents créent des comptes à leur bébé (sans leur consentement par définition), les exhibant comme des objets fétiches. Avant de voir l'explosion des sites de rencontres, où chacun peut faire son marché dans des étals infinis, avec un mensonge assez généralisé sur la marchandise. Avant de connaître le politiquement correct et les fake news, le complotisme, et toutes les formes de manipulation de l'information. Avant le Covid nous assignant à résidence derrière un écran et montrant les capacités créatrices de l'hystérie dans son besoin de liens, loin du recyclage paresseux et si pauvre décrit par Baudrillard.

À la surexcitation d'un monde frénétique succédait l'apathie des confinements et couvre-feux. Le désir soudain aliéné à la raison sanitaire, certain·e·s célèbres ou non, s'inventèrent sur YouTube et les réseaux, racontèrent leur vie ou montrèrent leur corps pour ne pas disparaître. Avec ce repli collectif sur le spectacle à domicile, permis par le streaming. L'hystérie se mesure aujourd'hui en nombre de followers et de vues. L'émotion collective des concerts, des spectacles vivants ou du cinéma existe toujours mais elle cohabite avec les statistiques de partages et re-publications. L'hystérie a trouvé sa place, et même son triomphe dans le virtuel, grâce à la *mascarade* permise par les innombrables applications de retouche et personnalisation des publications. Les réseaux sociaux n'ont pas remplacé l'être humain par des objets fétiches, ils ont juste offert une nouvelle tribune à son hystérie naturelle.

Ça me rend hystérique !

Une grosse contrariété ? Un comportement qui vous fait sortir de vos gonds ? Voilà l'hystérie immédiatement convoquée pour exprimer un état de crispation extrême : ça me rend hystérique (ou *hystéro*), c'est-à-dire dingue. L'adjectif a beau être neutre, ni masculin ni féminin, il évoque inconsciemment une femme en crise de nerfs. Un homme qui craque est violent ; une femme qui perd son sang-froid est hystérique. Jusqu'à quand dureront ces poncifs ?

L'hystérie, socle du vivre ensemble

Les années Covid font loupe sur l'hystérie dans sa fonction sociale, qui consiste à enchanter le monde en mettant *une certaine distance* entre le fantasme et le réel. Une pandémie impose en effet trop de distance (sans rencontre potentielle, le moteur du désir s'éteint) ou pas assez (la réalité omniprésente de l'autre tue l'intime). Il n'y a plus d'espace pour le jeu, ni dans le foyer, ni dans les lieux sociaux où les émotions sont habituellement partagées entre le plus grand nombre. La flambée des violences intra-familiales est un symptôme de cet écrasement de la rêverie par le réel. De même les troubles des conduites alimentaires explosent, tant la mise à l'arrêt des corps les confronte violemment à leurs détresses.

À l'inverse, un réel qui nous échappe libère à l'excès le fantasme. Sur ce théâtre improvisé qu'est la gestion d'une pandémie par des pouvoirs publics désorientés, notre Moi est vulnérable à la contagion mimétique qui nourrit une hystérie virale, anxieuse ou complotiste. L'absence d'autorité incontestable et les confinements successifs laissent chacun seul face à ses croyances, ne sachant plus *où donner de la tête* entre tout ce que les médias lui font voir et entendre. Nous redécouvrons la désagréable obligation de nous en remettre à un Autre (médical, étatique), pas tellement plus avancé que nous mais sommé de *paraître* tel.

Finalement, le principal enseignement des années Covid, pour l'hystérie, c'est d'avoir montré les limites de l'hyper-individualisme permis par l'invasion des écrans domestiques. Ceux et celles qui ont le mieux vécu les confinements étaient, d'après mon expérience clinique, ceux et celles qui pouvaient non pas forcément bouger, mais vivre *à plusieurs ET en harmonie*. C'est-à-dire qui n'étaient privés ni des autres – les célibataires vivant seul·e·s ont particulièrement pâti de la fermeture des lieux sociaux –, ni de leur espace de rêverie – dans leur chambre ou leur jardin. Qui avaient donc un minimum de possibilité d'exprimer leur hystérie.

Cette hystérie, régulièrement donnée pour morte, a montré qu'on avait encore besoin d'elle. On peut même dire que la rupture violente des liens provoqués par les confinements l'a hissée au rang de baromètre de notre vivre ensemble.

Conclusion

En 2013, le sculpteur britannique Damien Hirst livrait au Qatar quatorze statues en bronze géantes appelées *Le Voyage miraculeux*, représentant le fœtus de la fécondation à la naissance, la dernière sculpture étant un nourrisson de quatorze mètres de haut. Cette œuvre, installée sur la route menant à un tout nouvel hôpital consacré à la santé des femmes et des bébés, avait alors fait scandale : certains musulmans s'opposaient à la représentation d'êtres humains (interdite par le Coran) ; d'autres considéraient qu'au contraire le Coran parle de miracle de la naissance. La polémique avait été si vive que les statues avaient dû être recouvertes, avant d'être finalement découvertes en 2018.

On mesure le chemin parcouru depuis Freud, qui avait mis le phallus au centre du village névrotique, telle l'obélisque de la place de la Concorde. Effectivement, le sexe, point de jonction physique et symbolique de l'âme et du corps, avait tout pour rendre malade puisqu'il condense l'animalité (se reproduire), l'affect (l'amour et la haine), le besoin de savoir (la curiosité scientifique), le besoin de croire (la religion), le besoin de l'autre (l'animalité sociale)... Mais le sexe n'est pas un, et plus que d'une angoisse de castration, liée à un interdit de l'inceste en réalité peu sanctionné, c'est d'une angoisse d'intrusion qu'est victime l'hystérique. Avoir un corps à soi – actualisation d'*Une chambre à soi* revendiquée par Virginia Woolf – est la base de la sécurité : bien souvent, cette base ne lui est pas acquise.

Or, les travaux de John Bowlby (1907-1990) sur l'attachement[1] et les recherches sur le lien mère-bébé[2] ont montré l'impact de la contenance maternelle sur le destin œdipien de chacun : pour la fille, avoir un appui identificatoire lui permettant d'affronter l'Œdipe sans s'y perdre ; pour le garçon, s'épargner un Œdipe trop ou pas assez castrateur. Notre *mise au monde*, c'est-à-dire la façon dont nous avons été accompagnés pour y prendre notre place, se révèle ainsi cruciale dans le développement des névroses hystériques. Soit étouffant soit insécurisant (voire les deux), le nid n'a pas été le lieu d'où l'enfant a pu s'envoler avec des ailes solides. Resté dépendant affectivement, il passe ensuite le reste de sa vie à chercher des nids de substitution, qu'il craint autant qu'il s'y agrippe. La particularité des femmes, c'est qu'elles peuvent à la fois souffrir d'une mauvaise contenance maternelle (en tant que filles) et en être responsables (en tant que mères). Leur destin de mère est ainsi intimement lié à leur vécu de fille, d'où l'enjeu anthropologique de la reconnaissance du traumatisme psychique de l'effraction, et spécifiquement de l'inceste, dont Freud avait fait le fantasme organisateur des névroses, en écartant l'ampleur de sa réalité. Plus cette angoisse sera reconnue, élaborée, surmontée, plus la capacité à habiter la fonction maternelle (et l'intrusion qu'elle représente) sera facilitée et les fantasmes de parthénogenèse,

1. John Bowlby, *Attachement et perte* (3 volumes), PUF, 2002.

2. Voir les travaux de Bernard Golse et Sylvain Missonnier sur ce sujet.

qui excluent l'homme par peur de sa domination, apaisés.

Reste l'aspect congénital de l'hystérie, la fameuse prédisposition ou niveau d'excitation primaire de chaque individu. Constatée par Freud et d'autres, elle ne fait plus trop débat aujourd'hui, même si on préfère parler d'hypersensibilité. Qualifier un enfant d'hystérique relèverait de l'insulte, pourtant certains ont, très jeunes, des comportements hystériques (séduction, inhibition, angoisse, somatisations...), que l'environnement familial estompe ou accentue selon la qualité de sa contenance (entre le trop/pas assez d'exigence et d'intérêt). Sans parler, bien sûr, des traumatismes.

En choisissant de les traiter en fantasmes, Freud avait voulu neutraliser la suggestion, qui avait été fatale à la crédibilité de Charcot. Or non seulement la réalité des traumatismes est aujourd'hui acquise, mais les états modifiés de conscience de l'hypnose, du somnambulisme, voire du chamanisme sont au cœur des recherches actuelles en neurosciences, alors que la psychiatrie a une fois de plus jeté l'éponge de l'hystérie. Les hystériques agacent toujours autant les soignants par le refus qu'oppose leur corps à être normalo-autonome, mais les ignorer revient à casser le thermomètre en espérant faire baisser la fièvre. Le succès des techniques de méditation, mindfullness ou EMDR attestent ainsi du besoin d'apaiser la surexcitation produite par les sociétés modernes. De même, les émotions qu'on reproche tant aux hystériques de ne pas savoir refouler sont aujourd'hui au centre de toutes les attentions.

Car la dimension pathologique de l'hystérie ne doit pas faire oublier sa fonction de création et de lien, qui la place du côté de la vie, en opposition aux pulsions de mort et de destruction. En finir avec l'assignation des femmes à l'hystérie, c'est aussi permettre aux hommes d'assumer la leur plutôt que de s'enfermer dans la dépression, la paranoïa et la guerre. Parce que l'être humain est ontologiquement névrosé, l'hystérie est, avec le bon sens, la chose du monde la mieux partagée.

L'hystérie féminine est morte : vive l'hystérie !

Bibliographie sélective

André J., *Aux origines féminines de la sexualité*, PUF, 2004

Arnaud S., *L'Invention de l'hystérie au temps des Lumières*, EHESS, 2014

Assoun P.-L, *Freud et la femme*, Payot, 1995

Anzieu A., *La Femme sans qualité*, Dunod, 1990

Bergeret J., *Psychologie pathologique, théorie et clinique*, Masson, 11e éd., 2012

Breuer I., Freud S., *Études sur l'hystérie*, tr.fr. PUF, 1978

Bydlowski M., *La Dette de vie. Itinéraire psychanalytique de la maternité*, PUF, 2002

Cabrol G., Emmanuelli M., Nayrou F., Parat H., *La Sexualité féminine*, PUF, 2013

Chabert C., *Féminin mélancolique*, PUF, 2003

–, *L'Amour de la différence*, PUF, 2011

Chasseguet-Smirgel J. et coll., *Recherches psychanalytiques nouvelles sur la sexualité féminine*, Payot, 1964

Cosnier J., *Les Destins de la féminité*, PUF, 1987

Deutsch H., *Psychanalyse des fonctions sexuelles de la femme*, PUF, 1994

–, *Les « comme si »*, Le Seuil, 2007

Ferenczi S., *Le Traumatisme*, Payot, 2006

Freud Sigmund, *Naissance de la psychanalyse*, PUF, 1979

–, *Dora, fragment d'une analyse d'hystérie*, Payot, 2010

M.C. Hamon (collectif), *Féminité mascarade*, Le Seuil, 1994

Héritier Françoise, *Masculin-Féminin*, Odile Jacob, 1995

Lanouzière J., *Histoire secrète de la séduction sous le règne de Freud*, PUF, 1991

Laplanche J. et Pontalis J.-B., *Vocabulaire de la psychanalyse*, PUF, 1967

Mauret-Indart H., *Femmes artistes et écrivaines*, Garnier, 2019

McDougall J., *Théâtres du corps*, Gallimard, 1989

–, *Éros aux mille visages*, Gallimard, 1996

Rivière J., *La Féminité en tant que mascarade* (1929, *in* M. C. Hamon, *Féminité mascarade*, Le Seuil, 1994

Sayers J., *Les Mères de la psychanalyse*, PUF, 1995

Trillat E., *Histoire de l'hystérie*, Seghers, 1986

Woolf Virginia, *A Room of Ones's Own*, Londres, 1929; *Une chambre à soi*, 10/18, 2018.

Table

Deuxième partie
L'HYSTÉRIE, LE TRAUMATISME ET LE FANTASME

Troisième partie
LIBÉRÉES-DÉLIVRÉES ?

Quatrième partie
ÊTRE OU PARAÎTRE AU XXIE SIÈCLE

CET OUVRAGE
A ÉTÉ ACHEVÉ D'IMPRIMER
SUR ROTO-PAGE
PAR L'IMPRIMERIE FLOCH
À MAYENNE EN SEPTEMBRE 2023

N° d'impression : 103316
Imprimé en France